Cybersécurité 101

HUITIÈME ÉDITION

CYBERSÉCURITÉ 101

De la base à L'expert

CAN BARTU H.

2024

Cybersécurité 101

Can Bartu H.

Préface

À l'ère du numérique, chaque aspect de notre vie est interconnecté par Internet et la technologie. Des échanges verbaux aux divertissements, de la formation aux entreprises, tout est de plus en plus façonné par le numérique. Si ces connexions offrent confort et efficacité, elles comportent également des risques considérables. À mesure que notre dépendance aux systèmes numériques s'accroît, la portée des cybermenaces s'étend et devient chaque jour plus complexe. Les cyberattaques peuvent causer des dommages considérables, allant de la violation de données personnelles à la compromission des statistiques d'entreprise.

La rapidité des avancées technologiques rend souvent difficile la surveillance, mais cela ne doit pas nous empêcher de repenser notre façon de nous protéger. La cybersécurité est devenue un enjeu crucial, non seulement pour les grandes entreprises, mais aussi pour les particuliers, les petites entreprises et les gouvernements. Assurer la sécurité dans le monde virtuel n'est possible qu'en adoptant les bonnes pratiques de sécurité et en comprenant les mécanismes qui protègent nos données et nos structures.

Ce livre vise à offrir une approche complète de la cybersécurité, allant des concepts essentiels aux stratégies avancées de protection contre les menaces. Il couvre l'ensemble des aspects, des pratiques sécurisées en ligne aux stratégies de réponse efficaces aux cyberattaques, fournissant aux lecteurs les outils nécessaires pour naviguer en toute sécurité dans le monde virtuel. L'objectif n'est pas seulement de familiariser les lecteurs avec les menaces, mais aussi de leur donner les moyens de construire des défenses robustes.

Rédigé dans un langage clair et accessible, ce livre s'adresse à tous les niveaux de lecture, du débutant à l'expert chevronné. En lisant ce livre, vous apprendrez non seulement à vivre en sécurité en ligne, mais aussi à enrichir vos connaissances numériques. La cybersécurité n'est pas seulement une question de protection; c'est un système permanent de vigilance et de vigilance. L'engagement de chacun envers la sécurité joue un rôle essentiel dans la création d'un environnement virtuel plus sûr.

Maintenir sa sécurité dans le monde numérique n'est pas toujours une obligation individuelle, mais collective. Ce livre propose aux lecteurs un cheminement vers une plus grande attention à la cybersécurité et une démarche raisonnée, visant à aider chacun à naviguer dans le paysage numérique avec confiance et sécurité.

CONTENU

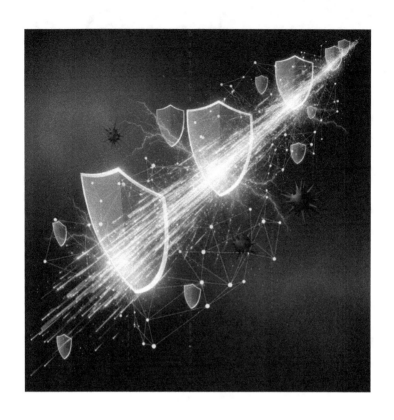

CHAPITRE 1

Fondamentaux de la cybersécurité

1.1. Comprendre les concepts de cybersécurité

La cybersécurité est le domaine consacré à la protection des systèmes, réseaux et données numériques contre les accès non autorisés, les dommages et les vols. Dans un monde de plus en plus interconnecté, où presque chaque aspect de la vie quotidienne possède une empreinte virtuelle, la cybersécurité constitue le fondement de la confiance et de la protection. Des appareils personnels aux économies mondiales, des courriels privés aux bases de données gouvernementales, la nécessité de sécuriser les données est devenue aussi cruciale que les données elles-mêmes.

La cybersécurité repose sur trois concepts fondamentaux: la confidentialité, l'intégrité et la disponibilité, communément appelés la triade de la CIA. La confidentialité garantit que les données ne sont accessibles qu'aux personnes disposant d'un accès légal. L'intégrité implique de garantir l'exactitude et la cohérence des données tout au long de leur cycle de vie, en veillant à ce qu'elles ne soient pas altérées par des entités non autorisées. La disponibilité garantit l'accès aux systèmes et aux données en temps voulu, sans interruption due à des attaques malveillantes ou à des pannes informatiques.

La compréhension de ces normes fondamentales est essentielle pour appréhender le fonctionnement des capacités de cybersécurité dans divers environnements. Il ne s'agit pas seulement de déployer des solutions logicielles ou matérielles; cela implique une expertise humaine, des stratégies organisationnelles, des cadres juridiques et des infrastructures technologiques fonctionnant en harmonie. La réussite de toute stratégie de cybersécurité repose non seulement sur des équipements de pointe, mais aussi sur des utilisateurs avertis et un comportement numérique responsable.

Le panorama des menaces virtuelles est vaste et en constante évolution. La cybersécurité n'est pas un domaine statique; elle évolue à mesure que les attaquants élaborent de nouvelles stratégies et que la technologie elle-même ouvre de nouvelles voies d'exploitation. Par exemple, l'essor du cloud computing, de l'intelligence artificielle et de l'Internet des objets (IoT) a ajouté de nouvelles complexités. Des appareils tels que les thermostats intelligents, les moniteurs de fitness portables et les voitures connectées créent de nouveaux points d'accès dont les attaquants peuvent tirer profit. Par conséquent, la cybersécurité doit s'adapter en permanence, en utilisant des stratégies à la fois préventives et réactives.

Il est également essentiel de comprendre que la cybersécurité n'est pas toujours un domaine purement technique. Elle englobe l'élaboration des politiques, la gestion des risques, la psychologie, le droit et l'éthique. Le comportement humain reste souvent le maillon faible de la chaîne. Les escroqueries par hameçonnage, les attaques d'ingénierie sociale et le traitement négligent des données résultent tous d'erreurs de jugement humain plutôt que d'une défaillance technologique. Par conséquent, la formation et la sensibilisation sont aussi importantes que les pare-feu et le chiffrement.

Dans les sociétés modernes, les données sont devenues un atout précieux. Protéger cet atout n'est plus une option, c'est un impératif. Négliger la cybersécurité peut avoir des conséquences dévastatrices, allant de l'usurpation d'identité et des pertes financières à la perturbation des infrastructures essentielles et aux menaces à la sécurité nationale. Les entreprises peuvent subir des atteintes à leur réputation et des conséquences juridiques, tandis que les individus peuvent voir leur vie privée exposée ou manipulée.

La cybersécurité joue également un rôle essentiel pour favoriser l'innovation et la transformation numérique. Sans fonctionnalités de sécurité robustes, les utilisateurs pourraient hésiter à adopter les services bancaires en ligne, les offres cloud ou les plateformes de commerce électronique. Les structures sécurisées renforcent la confiance, véritable monnaie d'échange à l'ère numérique. Chaque transaction, chaque communication et chaque interaction en ligne reposent sur la perception de la sécurité du système sous-jacent et de la confidentialité des données.

De plus, à mesure que les cybermenaces se généralisent, l'intelligence artificielle et l'apprentissage automatique (IA) jouent un rôle de plus en plus important dans la cybersécurité.

Les systèmes d'IA peuvent détecter des anomalies, réagir aux menaces en temps réel et analyser d'énormes ensembles de données pour identifier des tendances cachées. Cependant, ces outils soulèvent également de nouvelles problématiques et questions éthiques. Si les défenseurs utilisent l'IA pour protéger les systèmes, les attaquants peuvent l'exploiter pour lancer des attaques plus efficaces et plus adaptatives.

Comprendre les principes de la cybersécurité, c'est donc adopter une approche qui embrasse sa nature multiforme. Il ne s'agit pas d'un domaine nouveau, mais d'une convergence de disciplines visant à atteindre un objectif commun: la protection et la résilience numériques. Que vous soyez étudiant, professionnel ou simple internaute, comprendre les fondamentaux de la cybersécurité n'est pas un luxe, c'est une nécessité dans notre monde numérique.

1.2. Types de menaces et méthodes d'attaque

monde virtuel est saturé de menaces qui évoluent aussi rapidement que les technologies qu'elles cherchent à exploiter. Comprendre les différents types de cybermenaces et les stratégies d'attaque qui les sous-tendent est essentiel pour quiconque souhaite naviguer efficacement dans le paysage technologique actuel. Ces menaces vont des nuisances amateurs aux cyberattaques financées par l'État, affectant aussi bien les individus, les agences que les pays. Chaque forme d'attaque a ses propres motivations, stratégies et conséquences, mais elles partagent toutes un objectif commun: le contrôle non autorisé de systèmes, de données ou de ressources.

L'une des menaces les plus courantes dans le paysage de la cybersécurité est le malware, terme générique désignant tout logiciel malveillant conçu pour endommager ou exploiter un appareil ou un réseau programmable. Les malwares incluent les virus, les vers, les chevaux de Troie, les logiciels espions, les rançongiciels, etc. Les virus se connectent à des applications valides et se répliquent pendant l'exécution du logiciel hôte, corrompant ou détruisant fréquemment des données au cours du processus. Contrairement aux virus, les vers peuvent s'auto-répliquer et se propager sur les réseaux sans intervention humaine, ce qui les rend particulièrement dangereux dans les structures hautement interconnectées. Les chevaux de Troie se font passer pour des logiciels valides, mais véhiculent des charges utiles malveillantes cachées. Les rançongiciels, désormais l'une des formes de malware les plus rentables, chiffrent les données de leurs victimes et exigent une compensation pour la clé de déchiffrement, paralysant souvent les agences et les institutions.

L'hameçonnage (phishing) est une autre menace importante et dangereuse. Il exploite la psychologie humaine plutôt que les vulnérabilités logicielles, en utilisant des courriels, des messages ou des sites web trompeurs pour inciter les utilisateurs à divulguer des informations sensibles telles que leurs identifiants de connexion, leurs données financières ou leur identité. Souvent, les attaques d'hameçonnage se font passer pour des institutions ou des personnes de confiance, ce qui les rend particulièrement dangereuses. Une forme plus ciblée, appelée spear phishing, personnalise le message trompeur pour une personne ou une entreprise spécifique, augmentant ainsi les chances de réussite. La compromission de courrier électronique professionnel (BEC) est une technique plus avancée qui consiste à se faire passer pour des dirigeants ou des partenaires d'entreprise afin de diriger le personnel et de le forcer à effectuer des virements bancaires non autorisés.

Les attaques par déni de service distribué (DDoS) visent à surcharger un appareil, un serveur ou un réseau avec un trafic excessif, le rendant ainsi inutilisable. Ces attaques proviennent souvent de botnets, des réseaux d' ordinateurs infectés contrôlés à distance par un attaquant. En inondant une cible de requêtes, les attaques DDoS peuvent entraîner d'importantes perturbations opérationnelles, en particulier pour les organisations dépendant de services en ligne. Bien que ces attaques n'entraînent généralement pas de vol de données, elles peuvent entraîner des dommages à la réputation et des pertes économiques en raison de temps d'arrêt prolongés.

Les attaques de l'homme du milieu (MitM) surviennent lorsqu'un tiers intercepte secrètement et potentiellement altère la communication entre deux structures. Ce type d'attaque est particulièrement risqué dans les cas où des données sensibles sont échangées, comme lors de transactions bancaires en ligne ou de transactions commerciales confidentielles. Les attaquants peuvent également utiliser des réseaux Wi-Fi publics non sécurisés pour intercepter des données ou mettre en œuvre l'usurpation DNS et le détournement HTTPS pour rediriger les utilisateurs vers des sites web malveillants.

Les attaques par injection SQL ciblent les bases de données via des champs de saisie vulnérables sur des sites web ou des applications. En insérant des instructions SQL malveillantes dans un champ de saisie, les attaquants peuvent manipuler une base de données, accéder à des enregistrements non autorisés ou même prendre le contrôle administratif de l'appareil. De même, les attaques de type Cross-Site Scripting (XSS) consistent à injecter des scripts malveillants dans des sites web de confiance, qui s'exécutent ensuite dans les navigateurs d'utilisateurs peu méfiants. Ces attaques peuvent être utilisées pour pirater des cookies, détourner des sessions ou rediriger les utilisateurs vers des contenus malveillants.

Le credential stuffing est un risque croissant, alimenté par la supériorité des violations de données. Les attaquants utilisent des noms d'utilisateur et des mots de passe précédemment volés lors d'une même violation pour tenter de se connecter à plusieurs comptes, exploitant le fait que de nombreux utilisateurs réutilisent leurs identifiants sur différentes plateformes. Les outils automatisés peuvent analyser des centaines de combinaisons en quelques minutes, ce qui rend cette méthode à la fois écologique et dangereuse.

Les menaces internes constituent une catégorie particulière de menaces, provenant de l'intérieur d'une entreprise. Qu'elles soient malveillantes ou accidentelles, les personnes internes ayant accès à des structures sensibles peuvent représenter une menace majeure pour la sécurité. Il peut s'agir d'employés, de sous-traitants ou de partenaires qui pourraient abuser de leurs privilèges d'accès ou divulguer accidentellement des informations par négligence ou par manque d'information. Ces menaces sont souvent plus difficiles à détecter et à atténuer, car elles proviennent d'utilisateurs de confiance au sein du réseau.

Les menaces persistantes avancées (APT) sont des cyberattaques ciblées et prolongées, régulièrement menées par des adversaires dotés de ressources importantes et hautement qualifiés. Ces attaquants cherchent à infiltrer un réseau et à rester indétectables pendant de longues périodes, à collecter des renseignements, à exfiltrer des données ou à compromettre des infrastructures vitales. Les APT sont fréquemment associées à des acteurs étatiques et sont généralement utilisées à des fins de cyberespionnage, de perturbation politique ou de sabotage.

Les exploits zero-day constituent une autre catégorie d'attaques dangereuses, ciblant des vulnérabilités logicielles inconnues du vendeur. En l'absence de correctif ou de patch disponible au moment de l'exploitation, ces attaques peuvent être particulièrement puissantes et dévastatrices. Les cybercriminels ou les acteurs du secteur privé utilisent fréquemment ces exploits dans des opérations à haut risque avant que la vulnérabilité ne soit identifiée et corrigée.

L'ingénierie sociale, souvent associée à l'hameçonnage (phishing), englobe un large éventail de techniques visant à manipuler le comportement humain afin d'accéder à des structures ou à des statistiques. Parmi celles-ci figurent le prétexte (créer une situation inventée), l'appât (proposer un élément attrayant pour obtenir des statistiques) et le talonnage (suivre physiquement une personne dans une zone définie). Le fil conducteur est l'exploitation de la confiance, de l'autorité ou de la peur pour contourner les défenses technologiques.

L'essor de l'informatique cellulaire et des objets connectés a étendu la surface d'attaque des cybermenaces. Les smartphones, les maisons connectées, les objets connectés et même les véhicules connectés peuvent être exploités via des configurations vulnérables, des logiciels obsolètes ou des connexions réseau non sécurisées. Les logiciels malveillants mobiles, les échanges de cartes SIM et les accès non autorisés aux applications ne sont que quelques-unes des menaces qui pèsent sur ce secteur en pleine expansion.

Les types de menaces et les méthodes d'attaque dans l'univers numérique sont aussi variés qu'avancés. Chacun représente un vecteur distinct par lequel un attaquant peut compromettre la sécurité, s'approprier des données ou perturber les opérations. Anticiper ces menaces exige une compréhension approfondie de leur fonctionnement, une vigilance constante et une posture de sécurité proactive. À mesure que les technologies évoluent, notre vigilance et notre capacité à nous protéger face à l'univers toujours plus vaste des cybermenaces doivent également s'accroître.

1.3. Pourquoi la cybersécurité est importante

Dans une société dominée par la transformation numérique, la cybersécurité est apparue non seulement comme une nécessité technique, mais aussi comme un pilier essentiel de l'intégrité, de la confidentialité et de la résilience de la civilisation moderne. Des plus petits appareils personnels aux immenses réseaux internationaux, notre monde est interconnecté par des systèmes qui collectent des données sensibles, facilitent les échanges commerciaux, régissent les infrastructures et alimentent la vie quotidienne. Cette interdépendance croissante s'accompagne d'un risque tout aussi important: l'exposition à des cybermenaces capables de perturber les économies, de mettre en danger des vies humaines et d'éroder la confiance au sein des institutions. Comprendre l'importance de la cybersécurité est essentiel, non seulement pour les professionnels de la technologie, mais aussi pour tous ceux qui évoluent à l'ère numérique.

La cybersécurité vise avant tout à protéger les données, les structures et les réseaux contre tout accès non autorisé, toute manipulation ou destruction. Ces structures ne se limitent pas aux ordinateurs: elles englobent les réseaux électriques, les systèmes monétaires, les réseaux de santé, les services publics et les infrastructures de communication. La sécurité de ces structures garantit la continuité des capacités essentielles. Une défaillance de la cybersécurité peut avoir des conséquences catastrophiques, dépassant les dommages numériques et entraînant des conséquences à l'échelle internationale, telles que l'interruption des services médicaux, la compromission de la sécurité nationale ou la paralysie des opérations financières.

L'une des raisons les plus immédiates et personnelles de l'importance de la cybersécurité réside dans la protection de la vie privée des personnes. Chaque interaction en ligne, des publications sur les réseaux sociaux et des e-mails aux transactions financières et aux dossiers médicaux, crée une empreinte numérique. Ces données sont précieuses non seulement pour les spécialistes du marketing et les analystes de données, mais aussi pour les cybercriminels qui multiplient les statistiques privées pour usurper l'identité, frauder financièrement ou faire du chantage numérique. Une seule faille peut exposer la vie entière d'une personne à des inconnus, causant des dommages psychologiques et financiers à long terme. La cybersécurité permet d'éviter cela en érigeant des barrières techniques et en favorisant l'hygiène numérique qui réduisent les vulnérabilités.

Pour les agences, la cybersécurité est directement liée à la confiance, à la réputation et à la stabilité opérationnelle. Une entreprise victime d'une violation de données risque de perdre la confiance de ses clients, d'avoir à faire face à des poursuites judiciaires et de subir des pertes financières importantes. Au-delà des coûts immédiats tels que la réponse aux incidents et la restauration des machines, les dommages à long terme pour la réputation de la marque peuvent être irréparables. Investisseurs, partenaires et clients considèrent tous la sécurité comme un indicateur fondamental de l'intégrité organisationnelle. Dans des secteurs comme la finance, la santé et le commerce électronique, où la sensibilité des données est élevée, une cybersécurité robuste n'est pas facultative, mais une exigence réglementaire et éthique.

La protection nationale est un autre domaine où la cybersécurité revêt une importance capitale. Les gouvernements du monde entier sont de plus en plus ciblés par des cyberattaques soutenues par l'État, visant à voler des informations confidentielles, à influencer les politiques ou à perturber les services publics. Le cyberespionnage, la propagande numérique et les attaques contre les infrastructures critiques sont désormais considérés comme des outils de guerre modernes. Le paysage des menaces s'est accéléré, passant des champs de bataille physiques à notre monde numérique, où des traces invisibles d'attaque peuvent paralyser les systèmes informatiques par satellite, perturber les communications militaires ou influencer l'opinion publique. Dans ce contexte, la cybersécurité est un mécanisme de défense aussi crucial que tout système militaire traditionnel.

Le secteur de la santé est particulièrement vulnérable et représente l'un des domaines les plus importants où la cybersécurité a des implications directes sur la vie humaine. Les hôpitaux, les cliniques et les systèmes de santé dépendent désormais d'infrastructures virtuelles pour tout, des statistiques et diagnostics des patients aux interventions chirurgicales à distance et aux traitements automatisés. Les cyberattaques contre ces structures compromettent non seulement la confidentialité des patients, mais peuvent également mettre des vies en danger en retardant ou en perturbant les soins. L'utilisation croissante d'appareils médicaux connectés à Internet élargit le champ d'attaque, d'où l'importance de sécuriser à la fois les données et les appareils essentiels à la vie.

L'essor de l'Internet des objets (IoT), des villes intelligentes et des appareils connectés a également renforcé l'importance de la cybersécurité. Les objets du quotidien, des réfrigérateurs et des voitures à l'éclairage public et aux machines commerciales, sont désormais équipés de capteurs et d'une connectivité performante. Ces systèmes offrent un confort et une efficacité exceptionnels, mais ils introduisent également des vulnérabilités complexes. Un attaquant qui accède à un seul appareil connecté pourrait découvrir une porte d'entrée vers un réseau entier. Dans une ville intelligente, cela pourrait impliquer la perturbation des panneaux de signalisation, l'altération des systèmes de traitement des eaux ou la fermeture des infrastructures de surveillance. La cybersécurité garantit que l'innovation ne prime pas sur la sécurité.

L'équilibre économique est de plus en plus lié à la sécurité des transactions virtuelles. L'économie mondiale repose sur une communication constante entre les banques, les passerelles de paiement et les appareils grand public. Les cybermenaces, telles que les rançongiciels, les chevaux de Troie bancaires et les virements frauduleux, peuvent fragiliser les institutions financières et ébranler la confiance du public. Les cryptomonnaies et la finance décentralisée introduisent de nouveaux risques qui nécessitent des cadres de sécurité en constante évolution. Une défaillance de l'accord numérique pourrait entraîner des krachs boursiers, des pertes financières et une panique généralisée, soulignant le rôle crucial de la cybersécurité dans le maintien de la continuité financière.

Sur le plan sociétal, la cybersécurité est au cœur de la démocratie et de la libre circulation des données. Les campagnes de désinformation, l'ingérence électorale et la manipulation des réseaux sociaux sont autant de formes de cyberactivité susceptibles de déformer l'opinion publique et de menacer les systèmes démocratiques. La cybersécurité implique non seulement de se protéger contre les piratages et les violations, mais aussi de développer des structures capables de détecter et de réduire les fausses informations, de préserver l'intégrité journalistique et de garantir un dialogue stable entre les citoyens et les institutions.

D'un point de vue éducatif, la cybersécurité est essentielle pour protéger l'infrastructure qui soutient l'apprentissage à distance, les études pédagogiques et les ressources intellectuelles. Les universités et facultés conservent une quantité considérable de données sensibles, allant des données personnelles des étudiants et des enseignants aux études médicales innovantes. Les cyberattaques contre les établissements universitaires peuvent perturber l'acquisition de connaissances, freiner l'innovation et compromettre le développement sociétal à long terme.

Un autre sujet crucial en matière de cybersécurité est le rôle croissant de l'intelligence artificielle dans les opérations quotidiennes et la prise de décision. Les systèmes d'IA traitent d'énormes quantités de données pour contribuer à de nombreux domaines, du diagnostic des maladies et des recommandations d'investissements financiers au pilotage des moteurs autonomes et à l'analyse des schémas criminels. Si ces systèmes sont compromis (par empoisonnement des données, manipulation de modèles ou attaques malveillantes), les conséquences peuvent être considérables et menaçantes. Garantir l'intégrité des systèmes d'IA est une tâche croissante en cybersécurité, dont l' importance ne fera que croître à mesure que la société deviendra plus dépendante des technologies intelligentes.

Même pour les personnes qui ne travaillent pas dans le monde moderne, l'importance de la cybersécurité touche la vie quotidienne. Lorsqu'une personne consulte son compte bancaire, utilise une identité numérique, se connecte à une plateforme sécurisée ou active un appareil intelligent, elle s'appuie sur des couches de sécurité invisibles pour fonctionner correctement. Toute atteinte à cette protection peut entraîner des désagréments, des dommages financiers ou une perte totale de contrôle sur ses structures personnelles.

La cybersécurité est également au cœur des préoccupations éthiques liées aux technologies. Les systèmes acquièrent et analysent des quantités considérables de données, et doivent le faire de manière responsable. Les mesures de sécurité contribuent à garantir que la collecte de données respecte le consentement des utilisateurs, la transparence et l'équité. Elles protègent contre les algorithmes discriminatoires, l'exploitation des données et les abus de pouvoir des entreprises, garantissant ainsi aux clients que leurs données sont traitées correctement.

La cybersécurité est une question de résilience. Dans un monde où les systèmes virtuels sont essentiels à presque tous les aspects de la vie, la résilience signifie être capable de détecter, de répondre et de se remettre des attaques sans dommages permanents. Elle implique non seulement des défenses techniques, mais aussi des réglementations, une éducation et un mode de vie qui font de la sécurité une responsabilité partagée. Alors que la frontière entre vie physique et vie numérique devient de plus en plus floue, la cybersécurité devient le fondement de la liberté, de l'innovation, de la sécurité et du développement.

1.4. Principes de cybersécurité

La cybersécurité, en son cœur, repose sur des normes fondamentales qui façonnent la conception, la mise en œuvre et la maintenance de systèmes sécurisés dans le paysage numérique. Ces normes ne sont pas de simples principes abstraits; elles constituent le fondement des actions, des règles et des technologies concrètes qui protègent les données, les réseaux et les biens numériques. Qu'ils soient appliqués aux utilisateurs individuels, aux réseaux d'entreprise, aux structures gouvernementales ou aux infrastructures internet mondiales, les principes de la cybersécurité constituent des piliers durables qui guident les professionnels de la sécurité dans la mise en place de défenses résilientes face à des menaces en constante évolution.

Le premier principe, et peut-être le plus fondamental, de la cybersécurité est la confidentialité. Ce principe renvoie à l'obligation de préserver les informations à l'abri des personnes ou systèmes non autorisés. La confidentialité garantit que les données sensibles – notamment les mots de passe, les données personnelles, les dossiers scientifiques, les secrets commerciaux ou les renseignements militaires – ne sont accessibles qu'aux personnes expressément autorisées. Pour préserver la confidentialité, les entreprises mettent en œuvre des mécanismes tels que le chiffrement, les contrôles d'accès, les protocoles d'authentification et les structures de catégories. Une violation de la confidentialité peut avoir des conséquences graves, allant du vol d'identité à la compromission de la sécurité nationale, soulignant ainsi son importance dans toute stratégie de protection.

Le principe d'intégrité, étroitement lié à la confidentialité, renvoie à l'exactitude et à la fiabilité des données. L'intégrité signifie que les informations restent inchangées, sauf par des tiers, et qu'elles ne peuvent être modifiées, supprimées ou falsifiées sans être détectées. En pratique, cela implique l'utilisation d'algorithmes de hachage, de signatures numériques et de structures de contrôle de modèle qui détectent les modifications non autorisées. L'intégrité est essentielle non seulement à la fiabilité, mais aussi au bon fonctionnement des systèmes logiciels, des données financières, des dossiers judiciaires et des données médicales. Si l'intégrité des données est compromise, intentionnellement ou accidentellement, les conséquences peuvent aller de données erronées et de litiges judiciaires à des pannes informatiques catastrophiques.

Le principe fondamental est la disponibilité. Ce principe garantit aux utilisateurs légitimes un accès ininterrompu aux informations et aux systèmes en cas de besoin. La disponibilité est fréquemment mise à mal par des attaques telles que les attaques par déni de service distribué (DDoS), les pannes matérielles ou les dysfonctionnements naturels. Les contre-mesures incluent des systèmes redondants, des protocoles de sauvegarde robustes et une infrastructure d'équilibrage de charge conçue pour gérer les pics de demande ou assurer la reprise après une interruption. Sans disponibilité, même les structures les plus sécurisées deviennent inefficaces. Dans des secteurs cruciaux comme la santé, la finance ou les services d'urgence, une panne de système peut entraîner des pertes humaines ou des dommages économiques majeurs.

Ensemble, la confidentialité, l'intégrité et la disponibilité forment ce que l'on appelle communément, dans le domaine de la cybersécurité, la « triade CIA ». Ces trois principes constituent la pierre angulaire de tout cadre de cybersécurité et doivent être judicieusement équilibrés en fonction du contexte et des objectifs de protection spécifiques à chaque agence ou machine.

Un autre principe essentiel est l'authentification, la méthode permettant de vérifier l'identité d'un utilisateur, d'un outil ou d'un appareil. L'authentification garantit que les entités sont bien celles qu'elles prétendent être avant d'accorder l'accès à des données ou à des services. Elle s'effectue généralement au moyen d'identifiants tels que des mots de passe, des analyses biométriques, des certificats virtuels ou des mécanismes d'authentification multi-éléments combinant un élément connu de l'utilisateur (comme un mot de passe), un élément qu'il possède (comme un jeton) et un élément qu'il est (comme une empreinte digitale). Une authentification forte réduit le risque d'accès non autorisé et est particulièrement importante dans les systèmes impliquant des données sensibles ou à coût élevé.

Le principe d'autorisation est étroitement lié à l'authentification. Il détermine les actions autorisées par un utilisateur ou un appareil authentifié. Même après vérification de l'identité, il est essentiel de limiter les déplacements et l'accès aux plateformes. Ce principe est souvent mis en œuvre grâce au contrôle d'accès basé sur les rôles (RBAC), qui attribue aux utilisateurs des rôles avec des autorisations spécifiques. Par exemple, un système médical peut permettre aux médecins de consulter et de modifier les données des patients, tout en limitant l'accès des infirmières aux examens. Des mécanismes d'autorisation efficaces permettent d'éviter l'escalade des privilèges, les menaces internes et les utilisations abusives des données.

La non-répudiation est un autre principe clé de la cybersécurité. Elle garantit qu'une partie ne peut nier l'authenticité de ses actions ou communications. Ceci est particulièrement important dans les transactions numériques, les accords juridiques ou les communications sensibles où la responsabilité est essentielle. La non-répudiation s'appuie sur des technologies telles que les signatures virtuelles, les journaux d'audit et les protocoles de communication continue qui enregistrent et vérifient chaque étape d'une transaction. Elle garantit qu'une personne ou une entité ne puisse plus prétendre avoir été impliquée dans une action donnée, offrant ainsi une voie de preuve en cas de litige ou d'enquête.

Le principe de responsabilité va de pair avec la non-répudiation. La responsabilité exige que chaque action effectuée sur un système puisse être rattachée à un utilisateur ou à un processus spécifique. Elle implique une journalisation, un suivi et un audit méticuleux des activités du système afin de détecter les anomalies et d'analyser les incidents. Sans responsabilité, identifier et traiter les violations devient extrêmement difficile. Elle joue également un rôle préventif, car les utilisateurs sont moins susceptibles d'utiliser les systèmes à mauvais escient lorsqu'ils savent que leurs actions sont enregistrées.

Un autre principe directeur est le principe du moindre privilège, qui impose aux clients et aux systèmes de disposer d'un accès minimal aux éléments essentiels à l'exécution de leurs tâches. Cela minimise les pertes de capacité en cas de violation ou d'utilisation abusive. Par exemple, une personne chargée de générer des rapports ne doit pas disposer de privilèges administratifs permettant l'installation de logiciels ou la configuration de systèmes. L'application du principe du moindre privilège limite les risques d'attaque et permet d'isoler les violations lorsqu'elles surviennent.

La défense intensive est un principe stratégique qui consiste à superposer plusieurs mécanismes de sécurité pour protéger les systèmes. Plutôt que de s'appuyer sur une seule barrière, la défense intensive suppose que les attaquants franchiront certaines défenses et déploie donc plusieurs contrôles qui se chevauchent à différents niveaux, notamment des pare-feu, des systèmes de détection d'intrusion, la sécurité des terminaux, des contrôles d'accès et la formation des utilisateurs. Cette redondance renforce la résilience et offre le temps de détecter et de contrer les menaces avant qu'elles ne causent des dommages.

Le principe de protection dès la conception souligne que la cybersécurité doit être intégrée aux systèmes et aux logiciels dès le départ, plutôt qu'intégrée après coup. Cela implique l'intégration de pratiques de codage stables, d'analyses de code régulières, de modélisation des risques et d'une architecture stable à chaque phase de développement logiciel. En corrigeant les vulnérabilités dès la phase de conception, les équipes peuvent réduire les risques à long terme et éviter des correctifs coûteux après le déploiement.

La séparation des responsabilités est un autre principe précieux, notamment dans les grandes entreprises ou les environnements hautement sécurisés. Elle garantit qu'aucun individu n'exerce un contrôle absolu sur une fonction ou un processus essentiel. Par exemple, la personne qui approuve une transaction financière ne doit pas être celle qui l'initie. En répartissant les responsabilités, les entreprises peuvent réduire les risques de fraude, de collusion et d'erreurs.

Les valeurs par défaut de sécurité constituent un principe de précaution: à moins qu'un utilisateur ou un appareil ne se voie accorder explicitement l'accès, celui-ci doit lui être refusé par défaut. Cette technique conservatrice minimise les risques d'exposition accidentelle et impose un contrôle plus strict sur les zones sensibles. Elle s'inscrit dans l'idée que la sécurité n'est pas une question de commodité, mais d'avertissement et de contrôle.

Un autre principe de pointe est la résilience. Elle va au-delà de la simple prévention des failles de sécurité: elle garantit une restauration rapide des infrastructures et leur maintien en fonctionnement même après une attaque. La résilience repose sur des structures de secours robustes, des plans de reprise après sinistre, des équipes d'intervention en cas d'incident et des mécanismes de sécurité adaptatifs qui analysent les menaces passées. L'objectif n'est pas d'obtenir une protection parfaite – un défi impossible – mais de limiter les dommages, de réduire les temps d'arrêt et de s'adapter aux menaces changeantes.

Dans l'écosystème numérique international actuel, le principe de conformité joue également un rôle essentiel. Les organisations doivent se conformer aux lois, directives et exigences commerciales, notamment au Règlement général sur la protection des données (RGPD), à la loi sur la portabilité et la responsabilité en matière d'assurance maladie (HIPAA) ou à la norme de sécurité des données de l'industrie des cartes de paiement (PCI DSS). La conformité garantit que les entreprises maintiennent un niveau minimum de cybersécurité et respectent les droits et la vie privée des personnes. Le non-respect de cette conformité peut entraîner des conséquences pénales, une atteinte à la réputation et un manque de considération.

Enfin, le principe de formation et de reconnaissance des individus reconnaît que la génération seule ne peut garantir la cybersécurité. Le comportement humain est souvent le maillon faible de la chaîne de sécurité. Les attaques de phishing, une mauvaise hygiène des mots de passe et le partage d'informations négligent sont des exemples de la façon dont des utilisateurs mal informés peuvent compromettre les systèmes de protection les plus avancés. Promouvoir une culture de reconnaissance, former régulièrement les clients et encourager la vigilance sont des éléments essentiels de toute stratégie de cybersécurité.

Ensemble, ces idées forment un cadre cohérent pour bâtir des structures stables, honnêtes et résilientes. Il ne s'agit pas de principes isolés, mais d'orientations interdépendantes qui doivent être mises en œuvre de manière globale. Alors que le paysage de la cybersécurité continue de s'adapter grâce à l'essor de l'intelligence artificielle, de l'informatique quantique et des nouveaux vecteurs d'attaque, ces idées fondamentales resteront le socle sur lequel s'appuieront les défenses futures.

1.5. Évolution des cybermenaces

L'évolution des cybermenaces est un parcours complexe et dynamique, à l'image du développement rapide des technologies. Des débuts de l'informatique privée à l'ère de l'intelligence artificielle et des réseaux quantiques, les cybermenaces n'ont cessé de s'adapter, gagnant en sophistication, en ampleur et en impact. Comprendre cette évolution est essentiel pour comprendre pourquoi la cybersécurité moderne n'est plus seulement un enjeu technique, mais une nécessité essentielle pour les gouvernements, les entreprises et les particuliers.

Aux débuts de l'informatique, dans les années 1970 et 1980, les cybermenaces étaient rudimentaires et largement exploratoires. Les premiers pirates informatiques étaient généralement des amateurs ou des universitaires qui cherchaient à tester les limites des appareils plutôt que les dommages intentionnels. L'un des premiers virus informatiques connus, Creeper, est apparu au début des années 1970. Il n'était pas malveillant; il affichait simplement le message suivant: « Je suis le Creeper, piègez-moi si vous pouvez ! » Cette évolution a été accompagnée par l'introduction de Reaper, un programme conçu pour supprimer Creeper, précurseur primitif des antivirus actuels. À cette époque, le concept de malware est devenu largement théorique, et la protection a été réduite au minimum, les systèmes étant isolés et l'accès des utilisateurs restreint.

Les années 1990 ont vu une évolution des motivations. Avec la commercialisation d'Internet et l'arrivée des ordinateurs dans les foyers et les bureaux du monde entier, de nouvelles possibilités d'exploitation sont apparues. Les logiciels malveillants ont commencé à proliférer, poussés par l'intérêt, l'idéologie ou la malveillance. Des virus comme Michelangelo et Melissa se sont propagés via des disquettes et des pièces jointes de courrier électronique, provoquant souvent des perturbations plutôt que des vols purs et simples. Le tristement célèbre cheval de Troie ILOVEYOU, apparu en 2000, a causé des milliards de dommages en se propageant de manière inattendue par courrier électronique, exploitant l'accord et la curiosité humains. Cette génération a ouvert la voie à la menace des logiciels malveillants diffusés en masse.

À l'aube du nouveau millénaire, les cybermenaces sont devenues de plus en plus criminelles. Le début des années 2000 a marqué l'essor de la cybercriminalité en tant qu'activité commerciale. L'appât du gain est devenu la principale motivation, et les cybercriminels ont commencé à former des réseaux bien organisés. Chevaux de Troie, logiciels publicitaires et enregistreurs de frappe ont été développés pour voler des identifiants bancaires et des données personnelles. Les courriels d'hameçonnage incitaient les clients à divulguer leurs mots de passe ou à télécharger des pièces jointes malveillantes. La fraude en ligne, l'usurpation d'identité et le vol de cartes de crédit se sont multipliés. Ces attaques ont ciblé aussi bien les particuliers que les entreprises, et leur exécution a été facilitée par la complexité croissante des réseaux et le recours accru aux transactions numériques.

La fin des années 2000 et le début des années 2010 ont vu l'émergence des menaces persistantes avancées (APT). Contrairement aux attaques précédentes, souvent rapides et indiscriminées, les APT étaient lentes, furtives et clairement ciblées. Les agences de cyberespionnage subventionnées par l'État sont devenues des acteurs de premier plan dans ce domaine, agissant souvent à des fins géopolitiques. La faille Stuxnet, découverte en 2010, en est l'un des exemples les plus marquants. Conçue pour saboter les installations d'enrichissement nucléaire iraniennes, elle a marqué une nouvelle génération de cyberguerre, où le code devait avoir des conséquences physiques et internationales. Cet événement a confirmé que les régions géographiques pouvaient développer des logiciels malveillants capables de saboter avec précision, transformant ainsi la perception des menaces de cybersécurité dans le monde.

À la même époque, l'hacktivisme a également pris de l'ampleur. Des groupes comme Anonymous et LulzSec ont émergé, menant des attaques à motivation politique contre des entreprises, des gouvernements et des institutions. Ces acteurs ont utilisé des attaques par déni de service distribué (DDoS), des fuites de données et des dégradations de sites web pour promouvoir leurs intérêts ou riposter à des injustices perçues. Si leurs objectifs différaient de ceux des criminels traditionnels, leur impact pouvait être tout aussi perturbateur, notamment lorsqu'ils révélaient des statistiques sensibles ou mettaient hors ligne des systèmes critiques.

Au milieu des années 2010, les rançongiciels ont commencé à dominer le marché des logiciels malveillants. Ce type de malware chiffre les fichiers de la victime et exige une compensation, souvent en cryptomonnaie, pour la clé de déchiffrement. Les rançongiciels sont rapidement passés d'opportunistes à stratégiques. Les cybercriminels ont d'abord ciblé les hôpitaux, les municipalités, les universités et les opérateurs d'infrastructures, conscients que ces entreprises étaient plus susceptibles de payer rapidement pour rétablir leurs activités. Des attaques très médiatisées comme WannaCry en 2017, qui a touché plus de 200 000 ordinateurs dans plus de 150 pays, ont illustré la portée dévastatrice des rançongiciels modernes. Ces attaques ont notamment parfois exploité des vulnérabilités divulguées par les services de renseignement, mettant en évidence la façon dont les cyberattaques peuvent échapper à tout contrôle.

À mesure que les générations progressaient, les cybermenaces se sont complexifiées. L'essor des smartphones, des objets connectés (IoT) et du cloud computing a ajouté de nouveaux vecteurs d'attaque. Ces technologies ont considérablement accéléré la surface d'attaque, de nombreux appareils étant dépourvus de protections de sécurité de base. Les téléviseurs connectés, les thermostats, les appareils électroniques et les systèmes de gestion d'entreprise sont devenus de nouvelles cibles d'exploitation. Des botnets comme Mirai, qui ont détourné des objets connectés pour lancer des attaques DDoS massives, ont illustré cette tendance. Ces tendances ont révélé que le défi de la cybersécurité ne se limitait plus aux ordinateurs classiques, mais s'étendait au contenu même de la vie connectée moderne.

Simultanément, le système financier souterrain cybernétique a gagné en maturité. Les forums et les places de marché du dark web ont facilité la vente de logiciels malveillants, d'identifiants volés, de kits d'exploitation et de services de piratage. Les structures de type Malware-as-a-Service (MaaS) et Ransomware-as-a-Service (RaaS) ont réduit les barrières à l'entrée, permettant même aux criminels non techniques de lancer des attaques dévastatrices. Cette commercialisation de la cybercriminalité a apporté évolutivité et performance à ce qui était autrefois un domaine désorganisé. Désormais, les attaquants pouvaient louer du matériel, partager des recommandations ou s'associer à des modèles d'affiliation, ce qui a entraîné une augmentation exponentielle des campagnes d'attaques.

Les années 2020 ont marqué une nouvelle ère dans l'évolution des cybermenaces: l'intelligence artificielle (IA) et l'apprentissage automatique (ML). Ces technologies sont désormais utilisées non seulement par les défenseurs, mais aussi par les attaquants. Les acteurs malveillants peuvent utiliser l'IA pour créer des messages d'hameçonnage plus convaincants, éviter les systèmes de détection ou identifier plus rapidement les vulnérabilités. Les deepfakes – audio ou vidéo synthétiques générés par l'IA – peuvent usurper l'identité de personnes avec une précision alarmante, mettant en péril la politique, les négociations commerciales et la confiance sociale. La capacité des logiciels malveillants autonomes à apprendre et à s'adapter en temps réel est un phénomène croissant, ce qui suggère que les menaces futures seront plus insaisissables et imprévisibles que jamais.

Parallèlement, la pandémie a accéléré la transformation virtuelle, obligeant les agences, les gouvernements et les écoles à adopter des systèmes distants à un rythme effréné. Cette évolution a élargi le périmètre numérique et créé des vulnérabilités dans les réseaux privés virtuels (VPN), les protocoles de PC distants (RDP) et les plateformes cloud. Les cybercriminels ont exploité ce chaos en lançant des campagnes de phishing inspirées de la pandémie et en ciblant les chaînes d'approvisionnement. L'attaque de SolarWinds fin 2020, qui a compromis plusieurs entreprises publiques et privées via des mises à jour logicielles, a mis en évidence la complexité et l'enracinement des cybermenaces.

Une autre préoccupation croissante concerne l'intégration croissante des structures cybernétiques et physiques, appelées structures cyberphysiques (SCP). Les infrastructures critiques telles que les réseaux électriques, les systèmes de transport et les usines de traitement des eaux dépendent de plus en plus de systèmes numériques interconnectés. Une cyberattaque réussie contre ces infrastructures pourrait causer des dommages réels considérables. L'attaque de 2021 contre le pipeline Colonial aux États-Unis, qui a entraîné des pénuries de gaz sur la côte Est, est un rappel brutal de l'impact tangible des cyberincidents.

En anticipant, les technologies émergentes, dont l'informatique quantique, peuvent également présenter des opportunités et des défis. Si le chiffrement quantique garantit une sécurité remarquable, le déchiffrement quantique devrait rendre obsolètes les méthodes cryptographiques modernes. La cybersécurité devra évoluer parallèlement à ces avancées pour anticiper les menaces pesant sur les capacités. Se préparer à un monde post-quantique implique de repenser les normes de chiffrement et de s'assurer que les systèmes construits aujourd'hui soient adaptables aux capacités quantiques de demain.

L'évolution des cybermenaces n'est pas linéaire, mais cyclique et adaptative. Les attaquants apprennent des défenseurs, les défenseurs analysent les attaquants, et chaque innovation ouvre la voie à la fois au développement et au danger. Ce qui n'était au départ que de simples plaisanteries et intérêts est devenu un important champ de guerre, d'échanges et de contrôle. À mesure que nous avançons dans l'ère du numérique, connaître la trajectoire des cybermenaces est essentiel pour construire des systèmes résilients et favoriser un mode de protection proactif et non réactif.

Les cybermenaces continueront de s'adapter, exploitant les nouvelles technologies, les dynamiques sociales et les faiblesses systémiques. La vigilance, la collaboration et l'innovation demeurent essentielles pour faire face aux menaces de demain, car en cybersécurité, la seule constante est l'alternance.

CHAPITRE 2

Pratiques de sécurité essentielles

2.1. Créer et gérer des mots de passe forts

Dans l'immense paysage numérique du monde interconnecté d'aujourd'hui, le mot de passe demeure l'une des protections les plus essentielles, mais aussi les plus vulnérables. Malgré l'évolution des mécanismes de protection, les mots de passe demeurent les principaux gardiens de nos données personnelles, financières et professionnelles. Leur simplicité et leur omniprésence les rendent à la fois importants et pratiques. La capacité à créer et à manipuler des mots de passe forts n'est pas seulement une obligation personnelle, mais un élément essentiel de la cybersécurité mondiale.

Historiquement, les mots de passe ont été conçus comme un moyen fiable de vérifier l'identité. Aux débuts de l'informatique, les systèmes étaient isolés et le risque d'accès non autorisé était extrêmement faible. Une simple chaîne alphanumérique suffisait. Cependant, avec le développement des réseaux et l'arrivée de plus en plus de services en ligne (e-mail, services bancaires, santé, réseaux sociaux), le paysage des risques a radicalement changé. Les mots de passe ont commencé à protéger non seulement les systèmes, mais aussi les identités, les secrets et les moyens de subsistance. Ils sont ainsi devenus des cibles privilégiées pour les cybercriminels.

L'un des principaux problèmes liés à la protection des mots de passe réside dans le comportement humain. Les gens ont tendance à choisir des mots de passe faciles à mémoriser: noms, dates de naissance, phrases simples ou séquences répétées comme « 123456 » ou « mot de passe ». Ces choix prévisibles facilitent considérablement les attaques par force brute et par dictionnaire pour les acteurs malveillants. Des études ont montré qu'une part importante des internautes utilisent encore des mots de passe extrêmement vulnérables. En 2022, « 123456 » restait l'un des mots de passe les plus utilisés au monde. De tels comportements sont non seulement risqués, mais aussi dangereux, surtout lorsque le même mot de passe est réutilisé pour plusieurs dettes.

Un mot de passe robuste n'est pas toujours simplement long: il est complexe, imprévisible et précis. Idéalement, il devrait contenir un mélange de majuscules et de minuscules, de chiffres et de caractères uniques. Les combinaisons aléatoires de mots ou de caractères sans rapport entre eux augmentent considérablement la résistance aux attaques automatisées. Par exemple, un mot de passe comme « B!7#tY29* Lpp.Cr @ » est exponentiellement plus stable qu'un mot de passe comme « sunshine1 ». La clé est l'entropie, le degré d'aléatoire. Plus l'entropie est élevée, plus le mot de passe est difficile à deviner ou à déchiffrer, malgré des algorithmes puissants.

Cependant, la force seule ne suffit pas. Un contrôle adéquat est tout aussi important. Il n'est pas rare que les utilisateurs possèdent des dizaines, voire des dizaines, de comptes sur différents systèmes. Se souvenir d'un mot de passe unique et fiable pour chacun d'eux est impossible sans aide. C'est là que les gestionnaires de mots de passe entrent en jeu. Ces outils génèrent, conservent et remplissent automatiquement des mots de passe complexes pour chaque site ou opérateur, le tout protégé par un seul mot de passe principal. Les gestionnaires de mots de passe populaires comme LastPass, Bitwarden et 1Password utilisent le chiffrement pour protéger votre coffre-fort, réduisant ainsi considérablement la charge de mémorisation tout en améliorant la sécurité globale.

Un autre aspect crucial de l'hygiène des mots de passe est leur mise à jour régulière. Les mots de passe doivent être modifiés régulièrement, surtout en cas d'indice de compromission. Par exemple, si un employeur signale une violation de données et que vos identifiants ont également été divulgués, il est crucial de changer immédiatement votre mot de passe. De nombreuses structures proposent désormais des alertes de violation, avertissant les clients si leur adresse e-mail ou leur mot de passe apparaît dans des fichiers connus. Être proactif face à ces indicateurs peut prévenir d'autres abus.

L'authentification multifacteur (AMF) ou authentification multifactorielle (2FA) doit également être considérée comme une extension de la sécurité des mots de passe. Avec l'AMF, même en cas de vol de mot de passe, l'attaquant ne peut accéder au compte sans une étape de vérification supplémentaire, comme une empreinte digitale, un code d'application d'authentification ou un code SMS à usage unique. Cette approche multicouche renforce considérablement la sécurité et est particulièrement recommandée pour les comptes sensibles tels que les comptes de messagerie, les comptes bancaires et le stockage cloud.

L'hameçonnage reste l'une des méthodes les plus efficaces utilisées par les pirates pour obtenir des mots de passe. Les utilisateurs sont incités à saisir leurs identifiants sur de fausses pages de connexion ou à répondre à des messages trompeurs. Ces attaques sont souvent très sophistiquées, imitant des services légitimes avec une précision alarmante. Il est essentiel de sensibiliser les utilisateurs aux tentatives d'hameçonnage, de vérifier les URL et de ne jamais saisir de mots de passe sur des sites web suspects. Les fonctionnalités de sécurité et les plug-ins intégrés aux navigateurs peuvent également aider à détecter et à bloquer les domaines de phishing.

D'un point de vue organisationnel, l'application de politiques de mots de passe rigoureuses est un élément clé de la stratégie de cybersécurité. Les entreprises doivent exiger de leurs employés qu'ils utilisent des mots de passe stables, les changent fréquemment et évitent de les réutiliser dans certaines structures internes. La formation à la sécurité doit porter sur les bonnes pratiques en matière de mots de passe et les risques associés à une mauvaise utilisation des mots de passe. De plus, les administrateurs d'appareils doivent appliquer des règles de verrouillage de compte pour prévenir les tentatives de force brute et privilégier l'authentification biométrique ou les solutions de connexion unique pour des performances et une sécurité accrues.

L'avenir des mots de passe fait également l'objet de nombreux débats. L'Alliance FIDO et différents chefs d'entreprise travaillaient sur des exigences d'authentification sans mot de passe. Ces systèmes s'appuient sur la biométrie, les jetons matériels ou la cryptographie à clé publique pour confirmer l'identité sans nécessiter de chaîne mémorisée. Si l'adoption se poursuit, la transition vers des systèmes sans mot de passe devrait représenter une avancée majeure en matière de cybersécurité, en supprimant l'un des maillons les plus faibles de la chaîne de sécurité. Cependant, tant que ces structures ne seront pas omniprésentes, les mots de passe resteront la méthode par défaut pour sécuriser les accès, et leur gestion demeure essentielle.

Même des choix apparemment anodins peuvent faire une différence considérable. Éviter les informations personnelles dans les mots de passe, ne jamais les écrire à la vue de tous et ne pas les partager, même avec des personnes de confiance, sont des gestes simples mais efficaces. De même, l'utilisation d'un mot de passe distinct pour chaque service garantit qu'en cas de piratage d'un compte, les autres restent protégés.

Les enfants et les adolescents, qui adoptent souvent très tôt les nouvelles plateformes et les nouveaux appareils, doivent également être informés des pratiques en matière de mots de passe sécurisés. L'école et les parents ont la responsabilité d'inculquer ces comportements dès le plus jeune âge, car les jeunes utilisateurs peuvent ne pas saisir pleinement les effets d'une sécurité défaillante. Le cyberharcèlement, le piratage de compte et l'usurpation d'identité peuvent tous provenir d'un élément apparemment anodin comme un mot de passe vulnérable ou réutilisé.

L'importance de mots de passe forts va au-delà de la sécurité privée. Des identifiants faibles peuvent provoquer des violations de données à grande échelle, exposant non seulement l'utilisateur, mais aussi ses contacts, son centre administratif et ses réseaux affiliés. Par exemple, les attaquants utilisent régulièrement des mots de passe compromis pour effectuer des mouvements latéraux, accédant à des structures plus vastes en exploitant un maillon faible. Ainsi, la protection des mots de passe n'est pas toujours une préoccupation isolée: c'est une responsabilité partagée dans l'environnement virtuel.

Créer et gérer des mots de passe robustes permet de minimiser les risques. C'est la première étape, et la plus fondamentale, pour établir une identité numérique stable. Bien qu'il ne soit plus infaillible, un mot de passe bien conçu, soutenu par un système de contrôle performant et renforcé par des couches d'authentification supplémentaires, peut contrecarrer la plupart des attaques courantes. Face à l'évolution constante des cybermenaces, l'adoption de pratiques responsables en matière de mots de passe devient de plus en plus urgente. À l'ère des données, protéger l'accès à ces données commence par une décision réfléchie: choisir un meilleur mot de passe.

2.2. Navigation sur Internet et confidentialité

Internet a révolutionné la façon dont les humains interagissent, communiquent, recherchent et mènent leurs affaires. Il offre un accès immédiat aux statistiques et à la connectivité internationale. Cependant, ce confort d'utilisation expose également les utilisateurs à un réseau complexe de risques pour leur vie privée. La navigation sur Internet, bien que réputée innocente, est l'un des aspects les plus surveillés et exploités de la vie virtuelle actuelle. Chaque clic, recherche et page visitée génère des données: des enregistrements qui peuvent être suivis, commercialisés, analysés, voire utilisés comme armes. Comprendre les implications de la navigation sur Internet en matière de vie privée est essentiel pour protéger les données personnelles, préserver l'autonomie numérique et préserver l'intégrité de la cybersécurité.

Lorsqu'une personne navigue sur Internet, elle laisse une trace numérique appelée « empreinte numérique ». Cette trace comprend les sites web visités, l'historique de recherche, les informations géographiques, les métadonnées du navigateur, les empreintes digitales de l'appareil et, parfois, des comportements tels que la vitesse de défilement et les actions de la souris. Si certaines de ces données sont collectées pour améliorer l'expérience utilisateur ou personnaliser le contenu, une grande partie est collectée à des fins publicitaires, de surveillance ou malveillantes. Les annonceurs utilisent des cookies de suivi et des balises web pour établir des profils d'utilisateurs précis. Ces profils sont ensuite utilisés pour cibler les utilisateurs avec des publicités spécifiques, contrôler leur comportement ou influencer leurs processus décisionnels, parfois sans que les utilisateurs ne soient conscients d'être surveillés de près.

Les navigateurs web ne sont pas neutres en soi. Différents navigateurs proposent des niveaux spécifiques de protection de la vie privée intégrés. Certains navigateurs grand public, comme Chrome, collectent d'importantes quantités d'informations sur les utilisateurs, associant ainsi leur intérêt aux comptes Google pour les services synchronisés. À l'inverse, les navigateurs axés sur la confidentialité, comme Mozilla Firefox, Brave ou Tor, proposent des paramètres plus stricts pour bloquer les traqueurs, anonymiser le trafic et limiter l'exposition des données. Les utilisateurs soucieux de leur vie privée doivent explorer les fonctionnalités de leur navigateur et envisager d'opter pour des options qui privilégient la protection des données par défaut.

Les cookies sont parmi les outils les plus utilisés en matière de surveillance du web. Alors que les cookies internes servent généralement à mémoriser les informations de connexion et les préférences sur un site web, les cookies tiers permettent aux annonceurs et aux agents d'information de suivre les utilisateurs sur plusieurs sites. Par exemple, la navigation sur un site d'actualités qui diffuse des publicités provenant d'un réseau tiers peut permettre à ce réseau d'analyser votre comportement lorsque vous consultez ultérieurement des pages sans rapport. Les navigateurs modernes permettent désormais de bloquer les cookies tiers, et des politiques telles que le Règlement général sur la protection des données (RGPD) et la loi californienne sur la protection de la vie privée des consommateurs (CCPA) exigent que les sites web obtiennent le consentement des utilisateurs avant de surveiller leurs utilisateurs. Cependant, de nombreuses personnes acceptent encore sans le savoir un suivi excessif en acceptant des bannières de cookies sans en lire les conditions.

Les moteurs de recherche jouent également un rôle essentiel dans la confidentialité des recherches. La plupart des moteurs de recherche populaires, comme Google et Bing, enregistrent les requêtes de recherche, les associent aux comptes clients ou aux adresses IP, et les utilisent pour créer des profils publicitaires. Pour les utilisateurs qui privilégient l'anonymat, des alternatives comme DuckDuckGo ou Startpage permettent une recherche personnalisée sans enregistrement d'informations identifiables. Adopter ces services peut contribuer à réduire l'exposition des données tout en offrant des résultats de recherche précis et efficaces.

Un autre sujet important est l'empreinte digitale du navigateur, une technique permettant d'identifier les utilisateurs en fonction de la combinaison spécifique de leur appareil, de leur système d'exploitation, des paramètres de leur navigateur, de la résolution de l'écran, des polices installées et des plugins. Contrairement aux cookies, qui peuvent être effacés ou bloqués, les empreintes digitales sont beaucoup plus difficiles à éviter et sont souvent utilisées par les traqueurs pour identifier les utilisateurs, même en navigation privée ou en mode navigation privée. Certains outils de confidentialité avancés tentent de neutraliser l'empreinte digitale en s'assurant que tous les utilisateurs apparaissent identiques ou en randomisant les caractéristiques d'identification.

L'utilisation du mode privé ou incognito peut être utile, mais elle est souvent mal comprise. Le mode incognito ne rend pas une personne invisible en ligne. Il empêche simplement le navigateur d'enregistrer localement les données de navigation, les cookies ou les enregistrements de formulaires. Il ne masque pas l'activité des sites web visités, des fournisseurs d'accès à Internet (FAI) ou des gouvernements. Pour un anonymat renforcé, les utilisateurs peuvent utiliser des outils tels que les réseaux privés virtuels (VPN), qui chiffrent le trafic et masquent l'adresse IP de l'utilisateur, ou le réseau Tor, qui achemine le trafic via plusieurs relais vers des points d'origine et de destination difficiles à comprendre.

Les réseaux Wi-Fi publics présentent d'autres risques sérieux pour la confidentialité des internautes. Des réseaux non sécurisés ou mal sécurisés peuvent permettre aux attaquants d'intercepter les communications, d'injecter du contenu malveillant ou de lancer des attaques de l'homme du milieu. Lors de l'utilisation de réseaux publics, le chiffrement devient crucial. HTTPS, la version sécurisée de HTTP, garantit le chiffrement de la connexion entre le navigateur et le site web. Des outils comme HTTPS Everywhere, une extension de navigateur développée par l'Electronic Frontier Foundation, obligent les sites web à utiliser le protocole HTTPS autant que possible. Il est également recommandé d'utiliser un VPN pour accéder à des services sensibles sur des connexions publiques.

Les courtiers en données et les annonceurs ne sont pas les seules entités à s'intéresser aux comportements de navigation. Les gouvernements, les services de renseignement et les forces de l'ordre surveillent régulièrement l'activité sur Internet. Dans certains pays, la navigation est surveillée et censurée. Les sites web peuvent être bloqués, les recherches filtrées et les utilisateurs sanctionnés pour avoir accédé à certains types de données. Dans ce cas, la confidentialité ne se limite pas à se protéger des publicités: elle devient un critère de libertés civiles et de protection individuelle. Militants, journalistes et dissidents s'appuient sur le chiffrement, la navigation anonyme et des systèmes de communication sécurisés pour exercer leur activité sans crainte de représailles.

De nombreux sites web demandent également des autorisations qui peuvent compromettre la confidentialité. Il s'agit notamment de l'accès au contenu de la zone, du microphone, de l'appareil photo ou même du presse-papiers. Si certaines de ces autorisations sont nécessaires pour la fonctionnalité (comme l'emplacement pour les cartes ou les microphones pour les appels vidéo), beaucoup sont excessives ou utilisées de manière abusive. Les utilisateurs doivent régulièrement vérifier les autorisations accordées aux sites web et révoquer tout accès inutile. Les navigateurs modernes permettent un contrôle précis de ces paramètres et peuvent alerter les utilisateurs lorsque des sites demandent des privilèges inhabituels.

Au-delà des mesures techniques, la formation joue un rôle essentiel dans la protection de la confidentialité des utilisateurs. Les utilisateurs doivent être vigilants face aux tentatives d'hameçonnage, aux faux sites web et aux redirections malveillantes. Cliquer sur un lien réputé valide peut entraîner l'installation d'un domaine malveillant conçu pour récupérer des identifiants ou infecter des appareils avec des logiciels malveillants. Vérifier systématiquement les URL, éviter les liens suspects et ne pas accéder aux statistiques personnelles des pages non vérifiées sont des comportements essentiels, mais essentiels.

Les enfants et les adolescents sont particulièrement vulnérables. Ils naviguent fréquemment sur Internet sans surveillance et peuvent ne pas comprendre les risques liés à leur comportement pour leur vie privée. Le contrôle parental, des modes de navigation sécurisés et une formation adaptée à leur âge sont essentiels pour aider les jeunes utilisateurs à naviguer de manière responsable dans le monde numérique. Écoles et parents doivent promouvoir l'alphabétisation numérique, en insistant sur l'importance de la vie privée et sur les conséquences potentielles d'un comportement négligent en ligne.

Protéger la confidentialité de sa navigation sur Internet requiert un ensemble d'outils, de comportements et de concentration. Installer un VPN ou bloquer les cookies ne suffit pas toujours. Les utilisateurs doivent adopter une attitude proactive, en considérant les données personnelles comme précieuses et vulnérables. À mesure que la surveillance se perfectionne et que les algorithmes basés sur les statistiques prennent le pas sur les décisions habituelles, la capacité à contrôler sa confidentialité en navigation est une forme d'autonomisation. Elle permet de reconquérir le droit d'explorer Internet librement, sans être surveillé, profilé ou manipulé.

Dans un monde de plus en plus façonné par l'intelligence artificielle, le contenu ciblé et les prédictions algorithmiques, la confidentialité de la navigation devient encore plus cruciale. Les choix actuels – choisir son propre navigateur, chiffrer ses connexions et être attentif à son comportement virtuel – posent les bases d'une existence numérique plus sûre et plus autonome. La confidentialité n'est pas un luxe; c'est un droit fondamental qui commence par notre façon de naviguer.

2.3. Sécurité des e-mails et mesures anti-spam

Le courrier électronique est devenu l'un des outils d'échange verbal les plus utilisés, tant dans le cadre privé que professionnel. Son confort, sa rapidité et ses performances en font un élément essentiel du quotidien. Cependant, son utilisation massive en fait également une cible de choix pour les cybercriminels. Des tentatives de phishing à la diffusion de logiciels malveillants, le courrier électronique reste l'un des vecteurs de cyberattaques les plus exploités. Assurer la sécurité des communications par courrier électronique et appliquer des mesures antispam efficaces est essentiel pour protéger les données personnelles et organisationnelles contre les menaces malveillantes.

La protection des e-mails est un concept vaste qui englobe de nombreuses stratégies, outils et pratiques visant à protéger le contenu des messages, à empêcher l'accès non autorisé aux comptes de messagerie et à protéger les destinataires contre les attaques malveillantes. Une protection efficace des e-mails doit prendre en compte plusieurs facteurs clés, notamment la prévention des accès non autorisés, la garantie de la confidentialité des messages et la protection contre les menaces malveillantes par e-mail.

L'hameçonnage (phishing) est l'une des menaces par courrier électronique les plus courantes. Des cybercriminels se font passer pour des organisations ou des personnes légitimes afin de tromper les destinataires et de les amener à divulguer des informations sensibles, telles que leurs identifiants de connexion, leurs coordonnées bancaires ou leurs données d'identification personnelle. Les e-mails d'hameçonnage semblent souvent provenir d'entités fiables, telles que des banques, des organismes gouvernementaux ou des agences renommées, et peuvent contenir des demandes pressantes, de fausses factures ou des liens trompeurs. Ces e-mails incitent souvent le destinataire à cliquer sur des liens malveillants ou à télécharger des pièces jointes malveillantes. Une fois cliqué, le destinataire peut également fournir des informations sensibles ou installer des logiciels malveillants sur son appareil sans le savoir.

Pour se protéger des attaques de phishing, les utilisateurs doivent adopter plusieurs pratiques de premier ordre. Premièrement, vérifiez attentivement l'adresse e-mail de l'expéditeur, car les hameçonneurs utilisent souvent des adresses similaires à celles des destinataires légitimes, mais comportant de légères variations ou des fautes d'orthographe.

Deuxièmement, évitez de cliquer sur des liens ou de télécharger des pièces jointes provenant d'e-mails inconnus ou non sollicités, surtout si le message évoque l'urgence ou demande des informations personnelles. Il est également essentiel de vérifier l'authenticité d'un e-mail en contactant l'expéditeur via un canal de communication privé, comme un appel téléphonique ou un site web fiable, plutôt que de vous fier aux informations de contact fournies dans l'e-mail lui-même.

L'une des méthodes les plus efficaces pour se protéger des menaces liées aux e-mails est d'utiliser l'authentification multifacteur (MFA) sur les comptes de messagerie. L'authentification multifacteur (MFA) nécessite que les utilisateurs fournissent des identifiants supplémentaires, comme un code à usage unique envoyé par SMS ou généré par une application d'authentification, en plus de leur mot de passe habituel. En ajoutant une couche de protection supplémentaire, l'authentification multifacteur réduit considérablement le risque d'accès non autorisé aux comptes de messagerie, même en cas de compromission du mot de passe. De nombreux fournisseurs de messagerie, dont Gmail, Outlook et Yahoo Mail, proposent l'authentification multifacteur (MFA) en option, et il est fortement recommandé aux utilisateurs de l'activer pour renforcer la sécurité de leur compte.

Une autre mesure essentielle de protection des e-mails consiste à utiliser des mots de passe forts et uniques pour les comptes de messagerie. Les mots de passe faibles ou réutilisés constituent une vulnérabilité majeure et facilitent l'accès non autorisé aux comptes de messagerie par les cybercriminels. Un mot de passe fort comprend généralement une combinaison de majuscules et de minuscules, de chiffres et de caractères spéciaux. Il est conseillé d'éviter les informations faciles à deviner, comme les noms, les dates de naissance ou les mots courants. Les gestionnaires de mots de passe permettent également de conserver et de générer des mots de passe complexes, facilitant ainsi la gestion sécurisée de plusieurs comptes.

Le chiffrement des e-mails est un autre aspect essentiel de la sécurité du courrier électronique. Lorsque les messages électroniques sont envoyés sans chiffrement, ils sont transmis sous forme de texte non crypté, ce qui les rend vulnérables à l'interception par des acteurs malveillants. Le chiffrement des e-mails garantit que le contenu d'un e-mail n'est accessible qu'au destinataire prévu et qu'aucune personne non autorisée ne peut le lire pendant son acheminement. De nombreux fournisseurs de messagerie proposent des fonctionnalités de chiffrement intégrées, et des outils tiers, tels que PGP (Pretty Good Privacy) ou S/MIME (Secure/Multipurpose Internet Mail Extensions), peuvent être utilisés pour chiffrer les e-mails. Le chiffrement des communications électroniques sensibles, telles que les informations financières, les documents judiciaires ou les informations personnelles, contribue à protéger la confidentialité et à réduire les risques de violation de données.

Outre la sécurisation des comptes de messagerie, les entreprises doivent mettre en place des protocoles de sécurité pour protéger leurs employés et leurs clients contre les menaces liées à la messagerie. DMARC (Domain-based Message Authentication, Reporting, and Conformance) est l'un de ces protocoles, qui permet de lutter contre l'usurpation d'adresse e-mail. L'usurpation d'adresse e-mail se produit lorsqu'un individu malveillant falsifie l'adresse de l'expéditeur pour faire croire que l'e-mail provient d'une source fiable. DMARC permet aux entreprises d'authentifier les messages sortants et de définir la procédure de traitement des e-mails qui échouent aux contrôles d'authentification. Grâce à DMARC, les entreprises peuvent réduire le risque que leurs noms de domaine soient utilisés dans des attaques de phishing et améliorer leur sécurité globale de messagerie.

Le filtrage des e-mails est un autre outil essentiel pour bloquer les courriers indésirables, les tentatives d'hameçonnage et les pièces jointes malveillantes. La plupart des services de messagerie intègrent des filtres anti-spam qui détectent et dirigent automatiquement les messages suspects vers un dossier distinct. Cependant, aucun filtrage n'est optimal, et certains e-mails malveillants peuvent néanmoins arriver dans la boîte de réception. Pour améliorer la protection anti-spam, les utilisateurs peuvent configurer des filtres supplémentaires basés sur des mots-clés, des adresses d'expéditeur ou des types de contenu spécifiques. Par exemple, de nombreux filtres anti-spam bloquent les e-mails contenant des pièces jointes malveillantes connues, notamment des fichiers exécutables (.exe) ou compressés (.zip), souvent utilisés pour diffuser des logiciels malveillants.

Les entreprises peuvent également installer des solutions de sécurité professionnelles, notamment des passerelles de messagerie sécurisées (SEG), pour renforcer leur protection. Ces passerelles sont conçues pour filtrer et analyser les e-mails entrants à la recherche de signes d'activité malveillante, tels que les e-mails de phishing, les logiciels malveillants et les courriers indésirables. Ces solutions peuvent tester les pièces jointes, les URL et les métadonnées des e-mails afin de détecter les contenus suspects avant qu'ils n'atteignent la boîte de réception de l'utilisateur. Les SEG sont généralement intégrées aux logiciels antivirus et anti-malware, garantissant l'interception et la neutralisation de toute menace véhiculée par e-mail avant qu'elle ne puisse causer de dommages.

Malgré les progrès des technologies de filtrage et de protection des e-mails, les utilisateurs doivent rester vigilants et adopter une bonne hygiène de messagerie. L'une des mesures les plus efficaces, mais aussi les plus simples, consiste à vérifier et à mettre à jour régulièrement les filtres anti-courrier indésirable et les paramètres de sécurité de leurs utilisateurs. Les utilisateurs de messagerie doivent également être prudents lorsqu'ils partagent leur adresse e-mail en ligne ou s'inscrivent à des listes de diffusion inconnues, car cela peut augmenter le risque de recevoir des courriers indésirables ou malveillants.

Outre les mesures de sécurité, il est essentiel de sensibiliser les utilisateurs à la protection des e-mails. Les employés, en particulier, devraient suivre des formations régulières sur la compréhension des tentatives d'hameçonnage, la gestion des e-mails suspects et la transmission sécurisée d'informations sensibles. En encourageant la vigilance et la prudence, les entreprises peuvent réduire considérablement les risques liés aux menaces par e-mail.

La sécurité des e-mails et les mesures anti-spam sont des éléments essentiels d'une stratégie de cybersécurité robuste. En adoptant des mots de passe robustes, en autorisant l'authentification multipoint, en chiffrant les communications sensibles, en utilisant des outils de filtrage de messagerie performants et en formant les utilisateurs, les particuliers et les entreprises peuvent réduire considérablement leur exposition aux cybermenaces liées aux e-mails. Face à l'adaptation constante des stratégies des cybercriminels, il est essentiel de rester informé des nouvelles menaces et d'adopter une approche proactive de la protection des e-mails pour protéger les données personnelles et organisationnelles.

2.4. Ingénierie sociale et prévention du vol d'identité

L'ingénierie sociale est une technique de manipulation utilisée par les cybercriminels pour inciter les individus à divulguer des données confidentielles, notamment des noms d'utilisateur, des mots de passe ou des informations économiques. Contrairement aux techniques de piratage traditionnelles qui exploitent des vulnérabilités techniques, l'ingénierie sociale exploite la psychologie humaine, ce qui en fait un danger considérable en matière de cybersécurité. L'essence même de l'ingénierie sociale consiste à inciter les individus à contourner les protocoles de sécurité ou à révéler involontairement des informations sensibles susceptibles d'être utilisées pour commettre des fraudes, usurper des identités ou lancer des cyberattaques de pointe.

Les attaques d'ingénierie sociale se présentent sous de nombreuses formes et peuvent se dérouler selon différentes approches, notamment l'hameçonnage, le prétexte, l'appâtage et le talonnage. Chacune de ces méthodes vise à manipuler la confiance, les émotions ou l'incompréhension de la victime afin d'obtenir des informations personnelles ou un accès non autorisé aux systèmes. Pour prévenir efficacement l'usurpation d'identité et se protéger des attaques d'ingénierie sociale, il est essentiel de comprendre les différentes tactiques d'ingénierie sociale et d'adopter des pratiques rigoureuses de protection des données personnelles.

L'hameçonnage (phishing) est l'une des formes d'ingénierie sociale les plus courantes et les plus connues. Lors d'une attaque d'hameçonnage, un cybercriminel se fait passer pour une entité légitime, comme une banque, une entreprise publique ou un fournisseur réputé, afin d'inciter la victime à révéler des informations sensibles. Les e-mails d'hameçonnage contiennent souvent des liens vers de faux sites web qui ressemblent beaucoup à des sites légitimes. Ces sites frauduleux sont conçus pour récupérer des identifiants de connexion, des numéros de carte de crédit ou d'autres informations confidentielles. Ces e-mails peuvent également contenir des demandes urgentes, telles que « Votre compte a été compromis. Veuillez vous connecter immédiatement pour le sécuriser », ce qui incite également les victimes à agir rapidement et sans réfléchir.

Les attaques d'hameçonnage peuvent également être menées par téléphone ou SMS, une tactique connue sous le nom de « vishing » (hameçonnage vocal) ou « smishing » (hameçonnage par SMS). L'attaquant peut également se faire passer pour un représentant de l'employeur, demander des informations sensibles ou inciter la victime à cliquer sur des liens malveillants. Par exemple, une attaque d'hameçonnage vocal peut impliquer un escroc se faisant passer pour un employé d'une banque et sollicitant des informations de vérification de compte, en invoquant des problèmes techniques ou de sécurité.

Pour se protéger des attaques de phishing, il est conseillé de rester vigilant et de se méfier des courriels, messages ou appels téléphoniques non sollicités, notamment ceux demandant des informations personnelles ou financières. Une bonne pratique consiste à vérifier la légitimité de la demande par un moyen de communication indépendant, par exemple en appelant directement l'employeur via un numéro de téléphone valide ou en consultant son site web officiel. Il est également essentiel de vérifier attentivement l'adresse courriel de l'expéditeur et d'éviter de cliquer sur les liens ou de télécharger les pièces jointes des messages suspects.

Le prétexte consiste à inventer une histoire ou une situation inventée pour obtenir des informations confidentielles de la victime. L'agresseur peut se faire passer pour une connaissance de la victime ou une autorité légitime, comme un policier, un agent d'assistance technique ou un représentant de l'employeur. Par exemple, une agression par prétexte peut impliquer qu'un escroc se fasse passer pour un technicien de la banque de la victime et lui demande des informations sur son compte à des fins de « sécurité ».

En usurpant l'identité de la victime, l'attaquant cherche à l'influencer en lui fournissant une raison possible pour laquelle il souhaite obtenir des informations sensibles. Une fois l'attaque conclue, il peut manipuler la victime pour qu'elle partage des informations personnelles, telles que son numéro de sécurité sociale, ses mots de passe ou d'autres données confidentielles.

Pour se protéger des faux-semblants, il est important d'être vigilant face aux demandes soudaines de données, principalement par téléphone ou par d'autres moyens d'échange verbal direct. Avant de communiquer des informations personnelles, il est important de demander une vérification, notamment une pièce d'identité officielle ou un numéro de référence légal, et de contacter l'employeur ou l'autorité que l'attaquant prétend représenter. Méfiez-vous toujours des demandes non sollicitées impliquant le partage d'informations confidentielles sensibles.

L'appâtage est une tactique d'ingénierie sociale par laquelle un attaquant propose un objet attrayant ou précieux en échange d'un accès à des données personnelles. L'appât peut prendre la forme d'un téléchargement gratuit, d'un logiciel, d'une chanson ou d'un support physique, comme une clé USB. L'objectif est d'inciter la victime à agir en lui offrant un objet trop beau pour être ignoré.

Un exemple d'appâtage dans le monde virtuel pourrait être le déclenchement d'une fausse mise à jour de logiciel ou la proposition de contenu de divertissement gratuit provoquant l'installation d'un logiciel malveillant lorsque la victime clique dessus. Sur les appareils physiques, l'appâtage pourrait consister à laisser des clés USB infectées dans des lieux publics, dans l'espoir que quelqu'un les trouve, les branche sur son ordinateur et installe à son insu un logiciel malveillant.

Pour éviter d'être victime d'appâts, il est essentiel d'être prudent lorsque vous téléchargez des documents ou cliquez sur des offres provenant de sources inconnues ou non fiables. N'insérez jamais de clé USB ou de périphérique externe inconnu dans votre ordinateur, car il peut contenir des logiciels malveillants. Évitez de télécharger des logiciels ou des fichiers provenant de sites web non fiables ou de pièces jointes suspectes. Utilisez toujours des sources fiables et des systèmes de téléchargement de logiciels reconnus.

Le talonnage, ou « piggybacking », se produit lorsqu'un attaquant obtient un accès non autorisé à un lieu sécurisé en suivant une personne disposant d'un accès valide. Cette forme physique d'ingénierie sociale se produit généralement dans les environnements de travail, où l'attaquant peut s'infiltrer derrière un employé ayant accès à un espace restreint, comme un centre de données ou une salle de serveurs, sans présenter ses identifiants.

Le talonnage fonctionne parce que les attaquants exploitent la tendance naturelle des humains à être bien élevés et à laisser la porte ouverte aux autres. Cependant, en laissant entrer une personne sans vérifier son identité, la victime permet sans le savoir à l'attaquant de franchir les mesures de sécurité.

Pour se protéger contre le talonnage, les entreprises doivent mettre en place des protocoles de sécurité stricts exigeant que les personnes s'identifient avant d'accéder aux zones sécurisées. Les employés doivent apprendre à être vigilants quant aux personnes qui entrent dans les locaux et ne doivent jamais laisser quiconque s'introduire derrière eux dans un espace restreint. Des dispositifs de sécurité physique tels que des cartes-clés, des scanners biométriques ou des tourniquets peuvent contribuer à empêcher tout accès non autorisé.

L'usurpation d'identité est l'objectif principal de nombreuses attaques d'ingénierie sociale. Les cybercriminels volent des données personnelles, notamment des numéros de sécurité sociale, des informations de carte de crédit et d'autres données confidentielles, afin de s'approprier l'identité de la victime et de commettre des fraudes. Ces fraudes peuvent consister à ouvrir des comptes de crédit à son nom, à vider ses comptes bancaires ou à commettre d'autres délits financiers.

La prévention du vol d'identité nécessite des mesures proactives pour protéger les données personnelles. L'une des meilleures façons de réduire le risque de vol d'identité est de limiter la quantité d'informations privées partagées en ligne. Évitez de trop partager sur les réseaux sociaux, car les attaquants utilisent fréquemment des données publiques, comme les dates de naissance, les adresses et les noms d'animaux, pour parier sur des solutions de sécurité ou créer des messages d'hameçonnage convaincants.

Une autre mesure de prévention essentielle consiste à suivre régulièrement ses factures et ses rapports de solvabilité.

Dans de nombreux pays, il est possible de demander un rapport de solvabilité annuel gratuit auprès des principales agences d'évaluation du crédit. En consultant ces rapports, vous pourrez rapidement repérer toute anomalie ou tout symptôme d'activité frauduleuse. De nombreuses banques et agences de cartes de crédit proposent également des services et des signaux de détection de fraude, qui peuvent aider à identifier les transactions suspectes dès qu'elles se produisent.

L'utilisation de l'authentification multifacteur (AMF) pour les comptes en ligne, notamment les e-mails, les opérations bancaires et les achats, peut également protéger contre l'usurpation d'identité. L'AMF ajoute une couche de protection supplémentaire en exigeant des formes de vérification supplémentaires, comme un mot de passe à usage unique (OTP) envoyé par SMS ou généré via une application, comme le mot de passe lui-même.

L'ingénierie sociale et l'usurpation d'identité constituent des menaces omniprésentes à l'ère numérique. Les cybercriminels ciblent de plus en plus les personnes et les organisations par la manipulation plutôt que par des exploits techniques. Se protéger contre ces attaques nécessite une combinaison de sensibilisation, de vigilance et de mesures de sécurité proactives. En repérant les approches courantes d'ingénierie sociale, en adoptant des pratiques exceptionnelles pour protéger les données personnelles et en restant vigilant face aux demandes non sollicitées d'informations sensibles, les individus peuvent réduire considérablement le risque d'être victimes de ces attaques insidieuses. Grâce à l'éducation et à une attention particulière portée aux comportements en ligne et hors ligne, l'usurpation d'identité et l'ingénierie sociale peuvent être évitées.

2.5. Confidentialité en ligne

Dans un monde de plus en plus interconnecté, la confidentialité en ligne est devenue l'une des préoccupations majeures des particuliers comme des entreprises. Face à la quantité croissante d'informations personnelles, professionnelles et financières stockées et transmises en ligne, l'importance de la protection de la vie privée n'a jamais été aussi évidente. Chaque jour, des millions de personnes sur le terrain participent à des activités sportives, notamment sur les réseaux sociaux, dans le cadre d'achats en ligne, d'opérations bancaires et de communications par e-mail. Si ces activités sont source de confort, elles offrent également aux acteurs malveillants la possibilité d'exploiter les vulnérabilités et de compromettre des données sensibles. La nécessité de comprendre et de protéger sa vie privée en ligne est essentielle pour quiconque évolue dans l'univers numérique.

La confidentialité en ligne désigne la capacité à contrôler et à gérer ses données personnelles lors de l'utilisation d'internet. Il ne s'agit pas seulement de protéger des données sensibles, mais aussi de préserver l'autonomie quant à la manière dont les informations personnelles sont partagées, stockées et utilisées par autrui. Face à l'augmentation constante du volume de données collectées, la confidentialité en ligne est devenue un enjeu crucial. Les informations personnelles que nous partageons, consciemment ou non, peuvent être exploitées par des entreprises, des gouvernements ou des cybercriminels à diverses fins, telles que le marketing ciblé, l'usurpation d'identité ou la surveillance.

L'essor d'Internet a considérablement modifié les modes d'échange de données, mais cette facilité d'accès comporte également des risques importants. La vie privée d'une personne est de plus en plus menacée, car des données la concernant peuvent être collectées de multiples façons à son insu. De nombreux sites web utilisent des cookies pour identifier les utilisateurs, permettant aux annonceurs de créer des profils personnalisés en fonction de leurs habitudes de navigation. Les réseaux sociaux encouragent le partage de données personnelles, facilitant ainsi la divulgation de données sensibles à leur insu. De plus, les cybercriminels ont régulièrement recours à des attaques d'hameçonnage, à de faux sites web ou à des logiciels malveillants pour voler des données personnelles.

Malgré ces dangers, il existe des mesures importantes pour protéger sa vie privée en ligne. L'une des meilleures pratiques, et même la seule, consiste à utiliser des mots de passe forts et uniques pour chaque compte en ligne. Des mots de passe faibles ou réutilisés peuvent facilement être compromis, permettant à des utilisateurs non autorisés d'accéder à des comptes sensibles, notamment des e-mails, des profils de réseaux sociaux et des services financiers. Pour sécuriser davantage vos comptes, l'authentification à deux facteurs offre un niveau de protection supplémentaire. Ainsi, même en cas de vol de mot de passe, une deuxième vérification est nécessaire pour accéder au compte.

Un autre élément crucial de la confidentialité en ligne est l'utilisation d'outils de confidentialité, tels que les applications de messagerie chiffrées, les navigateurs stables et les réseaux privés virtuels (VPN). Les VPN, par exemple, créent un tunnel permanent pour le trafic web, rendant plus difficile pour un tiers de surveiller vos habitudes de navigation. Les navigateurs qui bloquent les traceurs et les cookies tiers, comme Mozilla Firefox ou Brave, peuvent réduire considérablement la quantité d'informations collectées par les sites web sur les utilisateurs. De plus, l'utilisation de moteurs de recherche qui n'enregistrent pas les historiques de recherche privés, comme DuckDuckGo, peut protéger votre activité de recherche contre l'utilisation de publicités ciblées ou de profilage.

L'un des aspects les plus négligés de la confidentialité en ligne est sans doute la manière dont les utilisateurs des réseaux sociaux partagent leurs informations personnelles. Publier des photos, des lieux ou des mises à jour privées peut sembler inoffensif à première vue, mais cela peut révéler plus que prévu. Des informations telles que les projets de voyage, les informations familiales et même la situation financière peuvent être collectées par des personnes malintentionnées. Outre la limitation du partage, il est essentiel de vérifier et d'ajuster régulièrement les paramètres de confidentialité des réseaux sociaux. En limitant l'accès aux publications et aux statistiques personnelles, les utilisateurs peuvent mieux contrôler qui consulte leurs statistiques.

L'impact de la confidentialité en ligne va au-delà de la sécurité privée. Les violations et fuites de données au sein des entreprises et des groupes exposent des millions de personnes au risque d'usurpation d'identité. Lors de ces violations, des informations sensibles telles que les noms, adresses, numéros de téléphone, numéros de sécurité sociale et informations de paiement peuvent être volées et vendues sur le dark web. Grâce à ces données, les criminels peuvent ouvrir des factures frauduleuses, effectuer des transactions non autorisées ou se livrer à d'autres activités illicites. Il est donc crucial de surveiller régulièrement ses dettes pour détecter toute activité suspecte et de signaler immédiatement tout signe de fraude.

Les gouvernements ont également un rôle majeur à jouer dans la définition de la vie privée en ligne. Dans de nombreuses régions, des programmes de surveillance ont été mis en place sous couvert de sécurité nationale. Si ces programmes peuvent également viser à prévenir le terrorisme ou d'autres menaces, ils soulèvent également des questions éthiques quant à la liberté de la personne. Certains gouvernements collectent d'énormes quantités de données personnelles sans l'avis ni le consentement des citoyens, ce qui suscite régulièrement des débats sur l'équilibre entre sécurité et confidentialité. Les lois sur la protection des données, notamment le Règlement général sur la protection des données (RGPD) en Europe, ont cherché à répondre à certaines de ces préoccupations en donnant aux individus un meilleur contrôle sur leurs données personnelles. Comprendre ces lois peut aider les consommateurs à faire valoir leurs droits et à exiger des entreprises qui gèrent mal leurs données une responsabilité.

Malgré tous les efforts déployés pour protéger la vie privée, l'un des défis les plus importants en matière de protection de la vie privée en ligne réside dans l'évolution constante du paysage numérique. Les nouvelles technologies, notamment l'Internet des objets (IoT), brouillent encore davantage les frontières entre mondes virtuel et physique, créant de nouveaux risques d'atteinte à la vie privée. Les appareils intelligents tels que les assistants domestiques, les bracelets connectés et les appareils électroménagers collectent en continu des données sur nos comportements et nos activités. Si ces appareils sont pratiques, ils représentent également une menace pour la vie privée, car ils peuvent être piratés ou exploités. Il est donc crucial de s'assurer que ces appareils disposent de fonctions de sécurité robustes et que les utilisateurs ont accès aux données qu'ils collectent.

En fin de compte, la protection de la vie privée en ligne exige une approche multidimensionnelle. Elle implique d'assumer la responsabilité personnelle de ses activités en ligne, d'utiliser les outils de sécurité appropriés et de rester vigilant face aux menaces. La confidentialité en ligne ne se limite pas à se protéger des cybercriminels: il s'agit de s'assurer que ses données personnelles restent la propriété exclusive de chacun. Alors que nous passons de plus en plus de temps en ligne, il est essentiel d'être proactif dans la protection de notre vie privée afin de préserver le contrôle de nos données les plus privées.

La confidentialité en ligne n'est pas seulement un luxe ou un choix personnel, mais un droit essentiel à l'ère du numérique. Les technologies évoluent, tout comme les méthodes de collecte et d'utilisation des données personnelles. Pour nous protéger, nous devons adopter des comportements responsables en ligne, utiliser des outils de confidentialité et nous tenir informés de l'évolution des menaces et des bonnes pratiques. Ce faisant, nous pouvons préserver notre autonomie dans un monde de plus en plus dépendant des connexions virtuelles.

CHAPITRE 3

Logiciels antivirus et de sécurité

3.1. Utiliser efficacement un logiciel antivirus

Les logiciels antivirus sont l'un des outils les plus essentiels pour lutter contre les cybermenaces. Ils constituent la première ligne de protection des individus et des groupes contre les logiciels malveillants, les virus, les rançongiciels et autres attaques malveillantes. Face à l'évolution constante des cybermenaces, les logiciels antivirus jouent un rôle essentiel pour garantir l'intégrité des systèmes et la protection des données sensibles. Cependant, l'installation d' un logiciel antivirus ne suffit pas toujours. Pour optimiser son efficacité, les utilisateurs doivent savoir l'utiliser correctement et l'intégrer à leurs pratiques de cybersécurité.

Fondamentalement, un logiciel antivirus est conçu pour détecter, prévenir et neutraliser les logiciels malveillants susceptibles d'infecter votre ordinateur ou votre réseau. Ces menaces peuvent prendre diverses formes: virus, vers, chevaux de Troie, logiciels espions et rançongiciels. Chacun de ces types de logiciels malveillants peut endommager votre système, voler des données privées ou même provoquer des dysfonctionnements à l'échelle de votre machine. Le rôle principal d'un logiciel antivirus est d'analyser les documents, les programmes et les sites web à la recherche de signatures de logiciels malveillants connus, de bloquer les activités suspectes et d'alerter les utilisateurs des menaces informatiques.

un logiciel antivirus, il est essentiel de le maintenir constamment à jour. Les cybercriminels développent constamment de nouveaux types de logiciels malveillants, et les éditeurs d'antivirus lancent régulièrement des mises à jour pour appréhender et combattre ces menaces croissantes. La plupart des solutions antivirus de pointe intègrent une fonction de mise à jour automatique, garantissant ainsi la mise à jour continue du logiciel sans intervention manuelle. Cependant, certains utilisateurs peuvent désactiver les mises à jour automatiques, par commodité ou par manque de connaissance. Ne pas mettre à jour son logiciel antivirus expose l'appareil à de nouvelles menaces qui ne peuvent être détectées par des définitions de virus obsolètes.

Un autre aspect essentiel de l'utilisation efficace d' un logiciel antivirus est la planification d'analyses régulières. Les logiciels antivirus proposent généralement des analyses rapides et des analyses complètes de l'ordinateur. Une analyse rapide est plus rapide et se concentre sur les zones les plus susceptibles d'être infectées par des logiciels malveillants, comme les pièces jointes aux e-mails, les fichiers téléchargés et les processus système. Bien qu'une analyse rapide soit utile pour identifier et éliminer les menaces immédiates, elle ne permet pas de détecter les logiciels malveillants ou les infections plus profondément ancrés dans les zones difficiles d'accès de l'ordinateur. Il est donc recommandé de planifier des analyses complètes de l'ordinateur à intervalles réguliers. Ces analyses examinent tous les fichiers, applications et paramètres de l'ordinateur, fournissant ainsi une analyse complète des risques pour la sécurité des systèmes.

La protection en temps réel est une autre fonction essentielle des logiciels antivirus. Elle surveille en permanence votre ordinateur pour détecter toute activité suspecte, analyse les fichiers dès leur ouverture ou leur téléchargement et bloque les mouvements malveillants en temps réel. La sécurité en temps réel est essentielle pour empêcher les logiciels malveillants de pénétrer votre système en premier lieu. Cependant, il est important de noter que la sécurité en temps réel peut parfois ralentir les performances de l'ordinateur, notamment lors de la gestion de fichiers volumineux ou de l'exécution de programmes gourmands en ressources. Dans ce cas, il est important de s'assurer que l'antivirus est configuré pour équilibrer sécurité et performances. Cela peut également impliquer d'ajuster les paramètres pour limiter les types de fichiers analysés en temps réel ou de programmer des analyses approfondies pendant les périodes de faible activité de l'ordinateur.

logiciel antivirus soit essentiel pour détecter et éliminer les menaces identifiées, il n'est pas infaillible. Les antivirus s'appuient sur des bases de données de signatures de logiciels malveillants connus pour identifier les menaces. De cette façon, ils ne détectent plus de types de logiciels malveillants nouveaux ou inconnus qui ne correspondent à aucune entrée de leurs bases de données de signatures. Pour atténuer cette menace, de nombreux logiciels antivirus actuels intègrent une analyse heuristique et une détection comportementale. L'analyse heuristique consiste à inspecter les fichiers et les applications à la recherche de modèles ou de caractéristiques suspects généralement associés aux logiciels malveillants, même si le logiciel n'a jamais rencontré cette menace auparavant. La détection comportementale, quant à elle, surveille les mouvements des programmes et signale tout comportement similaire à une activité malveillante connue, comme une tentative de modification de fichiers critiques ou de communication avec un serveur distant.

De plus, les utilisateurs doivent être conscients du risque de « faux positifs ». Un faux positif se produit lorsqu'un logiciel antivirus signale un fichier ou une application légitime comme malveillant, bien qu'inoffensif. Bien que ces cas soient extrêmement rares, ils peuvent être perturbateurs, car ils empêchent les utilisateurs d'accéder à des documents ou programmes importants. Pour y remédier, la plupart des antivirus permettent aux utilisateurs d'ajouter des fichiers ou des programmes fiables à une liste d'exclusion, garantissant ainsi qu'ils ne seront pas signalés lors des analyses ultérieures. Il est toutefois essentiel d'être prudent lors de l'ajout d'éléments à la liste d'exclusion, car cela pourrait permettre à des fichiers malveillants d'échapper à la détection.

L'un des principaux avantages des logiciels antivirus est leur capacité à prévenir les attaques de rançongiciels. Un rançongiciel est un logiciel malveillant qui chiffre les documents de la victime et exige une rançon, généralement en cryptomonnaie, en échange de la clé de déchiffrement. Cette forme de cyberextorsion peut être dévastatrice pour les particuliers et les entreprises, surtout lorsque des informations cruciales sont verrouillées. Les solutions antivirus modernes intègrent des fonctions de protection contre les rançongiciels capables de détecter et de bloquer les méthodes de chiffrement utilisées par les rançongiciels. De plus, les logiciels antivirus peuvent empêcher les rançongiciels de se propager via les partages réseau ou les appareils connectés, limitant ainsi les dommages causés par une attaque.

un logiciel antivirus dans une stratégie de cybersécurité plus globale est essentielle pour maintenir une protection optimale. Les antivirus ne peuvent à eux seuls protéger contre tous les types de cybermenaces. Par exemple, ils peuvent être insensibles aux tentatives d'hameçonnage (phishing), qui consistent à inciter les utilisateurs à divulguer leurs données personnelles ou à télécharger des fichiers malveillants. Pour renforcer la sécurité, les utilisateurs doivent associer leur logiciel antivirus à d'autres mesures de sécurité, telles que des pare-feu, un filtrage des e-mails et une formation des utilisateurs à la détection des arnaques par hameçonnage et des sites web suspects.

Outre l'utilisation d'un logiciel antivirus, il est également important d'adopter une hygiène de cybersécurité rigoureuse. Cela implique de s'assurer que les systèmes d'exploitation et les programmes sont régulièrement mis à jour, d'utiliser des mots de passe forts et spécifiques pour tous les comptes et de sauvegarder les fichiers importants dans des emplacements sécurisés. Associés à ces bonnes pratiques, les logiciels antivirus sont extrêmement efficaces, créant ainsi une défense multicouche contre l'évolution constante des cybermenaces.

Un logiciel antivirus est un outil précieux pour se défendre contre les cybermenaces, mais il doit être utilisé efficacement et en conjonction avec d'autres fonctionnalités de sécurité pour offrir une protection optimale. En maintenant son logiciel antivirus à jour, en effectuant des analyses régulières et en configurant une protection en temps réel adaptée à ses besoins, l'utilisateur peut réduire considérablement le risque d'être victime d'attaques de logiciels malveillants. Cependant, il est essentiel de garder à l'esprit qu'aucune solution logicielle ne peut garantir une sécurité à 100 %. Adopter une approche proactive en matière de cybersécurité est le meilleur moyen de protéger les données personnelles et organisationnelles à l'ère du numérique.

3.2. Les pare-feu et leur utilisation appropriée

Les pare-feu jouent un rôle crucial dans la protection d'un réseau en servant de barrière entre les réseaux internes fiables et les réseaux externes non fiables. Ils filtrent les flux entrants et sortants, permettant ainsi une communication légitime optimale tout en bloquant les accès malveillants ou non autorisés. La fonction principale d'un pare-feu est de protéger le réseau contre divers types de cybermenaces, notamment les pirates informatiques, les logiciels malveillants et les violations de données non autorisées.

Il existe différents types de pare-feu, chacun ayant ses propres atouts et cas d'utilisation. Les pare-feu matériels sont des dispositifs physiques situés entre le réseau interne et Internet, assurant la protection de tous les appareils du réseau. À l'inverse, les pare-feu logiciels sont installés sur les appareils physiques et offrent une protection adaptée aux besoins spécifiques de l'appareil qu'ils protègent. Les pare-feu peuvent également être basés sur le cloud, offrant des solutions de sécurité évolutives et flexibles aux équipes qui opèrent dans le cloud ou qui s'appuient fortement sur des solutions cloud.

Les pare-feu analysent le trafic réseau et inspectent les paquets de données lors de leur circulation sur le réseau. Ils analysent différents attributs de ces paquets, notamment les adresses IP source et de destination, les ports et les protocoles, et les comparent à un ensemble de règles de sécurité. Si le paquet répond aux critères spécifiés, il est autorisé; sinon, il est bloqué. Cette méthode garantit que seul le trafic autorisé est autorisé, empêchant ainsi les acteurs malveillants d'accéder aux structures sensibles.

La configuration d'un pare-feu exige une planification minutieuse et une connaissance approfondie des besoins de la communauté. L'une des premières étapes d'une configuration optimale consiste à définir des politiques de sécurité spécifiant les types de visiteurs autorisés ou refusés. Ces règles doivent être basées sur le principe du moindre privilège, qui garantit que seul le trafic nécessaire à certains packages ou utilisateurs est autorisé, tout en bloquant tout le reste.

De plus, des mises à jour régulières des logiciels de pare-feu et des configurations de règles sont essentielles pour maintenir une sécurité robuste. Les cybermenaces évoluent de manière inattendue, tout comme les stratégies de protection. De nombreux pare-feu modernes proposent des mises à jour automatiques, garantissant ainsi leur mise à jour avec les correctifs de sécurité et les informations sur les menaces les plus récents.

Pour optimiser l'efficacité du pare-feu, il est important de consulter régulièrement les journaux de trafic. La plupart des pare-feu peuvent générer des journaux spécifiques qui enregistrent tout le trafic entrant et sortant, et qui peuvent être consultés pour détecter toute activité suspecte ou violation de capacité. En consultant régulièrement ces journaux, les administrateurs réseau peuvent repérer les anomalies, identifier les menaces potentielles et adapter les règles du pare-feu afin de limiter les nouveaux risques.

De plus, un pare-feu ne doit pas constituer la seule ligne de défense d'une stratégie de protection communautaire. Bien qu'essentiels, les pare-feu doivent être complétés par d'autres mesures de sécurité telles que des logiciels antivirus, le chiffrement et des systèmes de détection d'intrusion. Cette technique de sécurité multicouche garantit que, même en cas d'échec d'une défense, d'autres peuvent intervenir pour prévenir les dommages ou la perte de données.

Configurer correctement un pare-feu requiert une attention particulière. Parmi les erreurs de configuration courantes, on trouve des politiques trop permissives qui laissent passer un trafic trop important, l'absence de blocage des ports inutilisés et l'absence de mise à jour du logiciel de pare-feu. Toutes ces erreurs de configuration peuvent réduire considérablement l'efficacité d'un pare-feu, rendant le réseau vulnérable aux attaques.

Pour une protection optimale, les pare-feu doivent être adaptés aux besoins spécifiques de la communauté et régulièrement analysés pour détecter les vulnérabilités. Les tests d'intrusion et les analyses de vulnérabilités permettent d'identifier les points faibles de la configuration du pare-feu, garantissant ainsi sa résistance aux menaces émergentes. De plus, il est essentiel de s'assurer que seul le personnel juridique a accès à l'interface de gestion du pare-feu, car toute modification non autorisée peut compromettre la sécurité.

Les pare-feu sont essentiels à la protection des réseaux contre les cybermenaces. Qu'ils soient matériels, logiciels ou cloud, ils doivent être correctement configurés et entretenus régulièrement pour assurer une protection efficace. En maîtrisant leur fonctionnement, en appliquant des politiques de sécurité adaptées et en les combinant à d'autres mesures de sécurité, les pare-feu peuvent réduire considérablement le risque de fuites de données et de cyberattaques.

3.3. Choisir judicieusement un logiciel de sécurité

Choisir le bon logiciel de sécurité est une étape cruciale pour construire une protection robuste contre les cybermenaces. Face à la complexité croissante des cyberattaques, une solution de sécurité unique ne suffit souvent pas à assurer une sécurité suffisante. Une combinaison judicieuse de logiciels adaptés aux besoins spécifiques de vos systèmes peut prévenir les logiciels malveillants, contrer les intrusions et renforcer la sécurité du réseau. Cependant, choisir le bon logiciel de sécurité implique de prendre en compte plusieurs facteurs, notamment la compatibilité, l'efficacité, la facilité d'utilisation et le prix.

L'un des principaux critères de choix d'un logiciel de sécurité réside dans sa capacité à détecter et à contrer une grande variété de menaces. Un logiciel de sécurité efficace doit offrir une protection complète contre les logiciels malveillants, les rançongiciels, les logiciels espions, les logiciels publicitaires et les attaques de phishing. Il doit également être capable de détecter les menaces zero-day et les nouveaux types de logiciels malveillants, qui nécessitent des mises à jour en temps réel et une veille stratégique. À cette fin, les logiciels de sécurité dotés de technologies avancées, notamment l'intelligence artificielle et l'apprentissage automatique, deviennent de plus en plus essentiels pour identifier les vecteurs d'attaque nouveaux et complexes.

un logiciel antivirus ou de protection des terminaux, il est essentiel de vérifier son taux de détection et ses performances globales en conditions réelles. De nombreux laboratoires d'essai indépendants, comme AV-TEST et AV-Comparatives, effectuent régulièrement des analyses comportementales des logiciels antivirus. Ces évaluations offrent des informations précieuses sur l'efficacité d'un produit face aux menaces identifiées et sa capacité à minimiser les faux positifs. Privilégiez un produit présentant un taux de détection élevé et un faible impact sur les performances de l'appareil.

La compatibilité est un autre élément important à prendre en compte lors du choix d'un logiciel de sécurité. Le logiciel doit être compatible avec votre système d'exploitation, qu'il soit Windows, macOS ou Linux, et prendre en charge les appareils connectés à votre réseau (smartphones, tablettes et serveurs). Il doit également s'intégrer parfaitement à votre infrastructure informatique actuelle, notamment vos outils de surveillance réseau, vos pare-feu et vos logiciels de protection des e-mails. Cette interopérabilité garantit l'efficacité de vos équipements de sécurité pour une sécurité globale.

La convivialité est également une priorité, notamment pour les particuliers et les petites entreprises dépourvus de personnel informatique dédié. Un logiciel de sécurité doté d'une interface simple et intuitive permet aux utilisateurs de le configurer et de l'utiliser sans connaissances techniques approfondies. Une interface conviviale doit également fournir des notifications et des alertes claires sur les menaces de sécurité, ainsi que des solutions simples à comprendre pour y remédier. Un logiciel de sécurité complexe nécessitant des connaissances avancées peut constituer un obstacle pour les utilisateurs souhaitant une protection rapide et efficace sans expertise technique.

Un autre élément crucial est la capacité du logiciel à effectuer automatiquement des mises à jour quotidiennes. Les cybermenaces évoluent constamment et les logiciels de sécurité doivent être constamment à jour pour se protéger contre les dernières vulnérabilités. De nombreux fournisseurs de sécurité proposent des services par abonnement comprenant des mises à jour automatiques et des flux continus de veille sur les risques, garantissant ainsi que votre logiciel est constamment équipé des correctifs et définitions de sécurité les plus récents. Des mises à jour régulières sont essentielles pour préserver l'efficacité des logiciels de sécurité et minimiser le risque d'attaques récentes exploitant des vulnérabilités reconnues.

Le coût est une considération cruciale, mais il ne doit pas être le seul facteur déterminant dans le choix d' un logiciel de sécurité. Programme. Si les solutions de sécurité gratuites peuvent également offrir une protection simple, elles manquent souvent des fonctionnalités avancées et de la protection complète offertes par les solutions payantes. De nombreux antivirus gratuits sont limités dans leur capacité à détecter les nouvelles menaces ou n'offrent pas d'assistance continue. Les solutions payantes proposent souvent des fonctionnalités supplémentaires, comme la protection du réseau, la protection contre le vol d'identité et un service client prioritaire. Lors de l'évaluation du prix d' un logiciel de sécurité, il est essentiel de prendre en compte le coût de la protection, de l'assistance et des mises à jour régulières.

L'utilisation de solutions cloud est une tendance croissante dans les logiciels de sécurité. Ces solutions offrent évolutivité, flexibilité et fonctionnalités de suivi à distance, ce qui les rend idéales pour les agences disposant d'équipes décentralisées ou de télétravailleurs. Les logiciels de sécurité cloud offrent également un contrôle simplifié, car les mises à jour sont gérées par le fournisseur et déployées automatiquement sur tous les appareils connectés au réseau. Cependant, les solutions cloud nécessitent une connexion internet fiable et peuvent poser des problèmes complexes de confidentialité et de conformité des données, notamment pour les entreprises traitant des données sensibles.

Il est également crucial d'évaluer la réputation et la fiabilité du vendeur de logiciels avant d'effectuer un achat. Choisissez des logiciels provenant de fournisseurs ayant fait leurs preuves en matière de solutions de protection efficaces et fiables. Les fournisseurs établis offrent souvent un meilleur service client et une réputation de confiance, ce qui peut également apporter une plus grande tranquillité d'esprit. Il est également utile de lire les avis et commentaires d'autres utilisateurs pour comprendre leurs impressions sur le produit.

Outre les logiciels antivirus et pare-feu classiques, de nombreux groupes intègrent des solutions de sécurité de nouvelle génération à leur pile logicielle. Ces solutions peuvent également inclure des systèmes de prévention des intrusions (IPS), des outils d'analyse de comportement et des systèmes de gestion des événements et des données de sécurité (SIEM). Selon vos besoins, il peut être avantageux d'investir dans un ensemble d'outils offrant une sécurité multicouche, plutôt que de dépendre uniquement d'un simple logiciel antivirus.

Choisir le bon logiciel de protection nécessite de prendre en compte de nombreux facteurs, notamment les fonctionnalités de sécurité, la compatibilité, la facilité d'utilisation, le prix et la popularité du fournisseur. En choisissant une solution adaptée à vos besoins spécifiques, vous vous assurez que vos systèmes sont protégés contre le nombre croissant de cybermenaces. Privilégiez les logiciels offrant une sécurité complète, des mises à jour automatiques et un service client fiable, et soyez prêt à investir dans la sécurité, élément essentiel de votre stratégie globale de gestion des risques.

3.4. Menaces et protection actuelles

monde interconnecté d'aujourd'hui, les cybermenaces deviennent de plus en plus courantes, posant des défis considérables aux particuliers comme aux entreprises. L'évolution technologique s'accompagne d'une évolution des techniques employées par les cybercriminels. Il est donc essentiel de se tenir informé des menaces actuelles et de mettre en place les mesures de protection adéquates.

malveillants (malware) sont l'une des cybermenaces les plus répandues et les plus dangereuses. Ces logiciels malveillants (abréviation de « logiciels malveillants ») sont présents dans divers systèmes, notamment les virus, les vers, les rançongiciels, les logiciels publicitaires et les chevaux de Troie. Ces types de logiciels sont conçus pour infiltrer, endommager ou voler des données sur un ordinateur ou un réseau. Les rançongiciels, en particulier, ont gagné en popularité ces dernières années, car ils bloquent l'accès des utilisateurs à leurs fichiers et exigent des frais pour y accéder. Les attaques par rançongiciel ont ciblé des entreprises, des institutions gouvernementales et même des hôpitaux, entraînant des pertes financières considérables et des perturbations des opérations.

logiciels malveillants, il est essentiel de se doter d'un antivirus et d'un antimalware à jour. Ces outils testent en permanence les fichiers, méthodes et activités malveillants sur vos appareils. Les logiciels antivirus avancés utilisent l'heuristique et l'intelligence artificielle pour détecter les menaces nouvelles et émergentes, avant même qu'elles ne soient intégrées aux bases de données reconnues. Cependant, se fier uniquement à un antivirus ne suffit pas; il doit être complété par d'autres mesures de sécurité, telles que des pare-feu, des systèmes de détection d'intrusion et des correctifs de sécurité, pour garantir une protection complète.

Une autre menace croissante est l'hameçonnage (phishing), qui consiste à inciter les utilisateurs à divulguer des informations sensibles, comme leurs noms d'utilisateur, leurs mots de passe et leurs numéros de carte bancaire. L'hameçonnage peut prendre de nombreuses formes, comme des courriels, des appels téléphoniques ou de faux sites web semblant légitimes. Les cybercriminels se font souvent passer pour des entités de confiance, comme des banques ou des services en ligne, afin d'inciter les victimes à divulguer leurs données personnelles.

La meilleure façon de se protéger contre le phishing est d'informer et de sensibiliser les utilisateurs. Il est important de savoir reconnaître les tentatives de phishing, notamment en vérifiant l'adresse e-mail de l'expéditeur, en survolant les liens pour vérifier leur authenticité et en évitant de créer des pièces jointes provenant de sources inconnues. De nombreuses solutions de sécurité de messagerie modernes intègrent également des filtres anti-spam et des fonctionnalités de détection du phishing, permettant de bloquer les e-mails malveillants avant qu'ils n'atteignent la boîte de réception.

Les attaques par déni de service distribué (DDoS) constituent un autre problème majeur pour les services en ligne. Lors d'une attaque DDoS, plusieurs structures compromises inondent les serveurs d'une cible avec un trafic excessif, les surchargeant et provoquant des interruptions de service. Ces attaques peuvent être particulièrement préjudiciables aux entreprises qui dépendent de leur présence en ligne pour générer des ventes et interagir avec leurs clients. L'essor des objets connectés (IoT) a également exacerbé ce problème, les cybercriminels pouvant compromettre des appareils non sécurisés pour lancer des attaques DDoS à grande échelle.

La protection contre les attaques DDoS repose sur une combinaison de techniques, telles que l'équilibrage de charge, le filtrage du trafic et l'utilisation de réseaux de diffusion de contenu (CDN). De plus, les solutions de sécurité DDoS basées sur le cloud offrent des solutions évolutives capables d'absorber d'importants volumes de trafic malveillant et d'atténuer l'impact de ces attaques. Une surveillance régulière des habitudes de trafic et une détection précoce sont essentielles pour minimiser les conséquences des attaques DDoS.

Ces dernières années, les menaces persistantes avancées (APT) sont devenues un problème majeur pour les entreprises, principalement dans le cadre de cyberattaques financées par des États. Les APT sont des attaques ciblées et à long terme visant à infiltrer les réseaux et à maintenir une présence furtive pendant de longues périodes. Ces attaques visent souvent à voler des données sensibles, des ressources intellectuelles ou à accéder à des infrastructures critiques. Les APT peuvent être difficiles à détecter en raison de leur lenteur, de leur nature délibérée et de l'utilisation de stratégies sophistiquées, notamment l'ingénierie sociale et les logiciels malveillants personnalisés.

La protection contre les APT nécessite une approche multicouche, incluant un suivi avancé du réseau, la protection des terminaux et des mises à jour régulières du système. Les systèmes de détection et de prévention des intrusions (IDS) permettent d'identifier et de réagir aux activités suspectes en temps réel. De plus, les flux de renseignements sur les menaces potentielles fournissent des données précieuses sur les tactiques, techniques et approches (TTP) émergentes des APT, permettant aux entreprises d'anticiper les menaces informatiques.

Les violations de données, qui impliquent l'accès et la divulgation non autorisés d'informations sensibles, demeurent un risque considérable pour les entreprises comme pour les particuliers. Elles peuvent divulguer des informations personnelles, financières et médicales, entraînant des vols d'identité, des pertes financières et une atteinte à la réputation. Les cybercriminels utilisent souvent les données volées à diverses fins illicites, notamment pour commettre des fraudes ou les vendre sur le dark web.

La protection contre les violations de données commence par un chiffrement robuste des données, au repos comme en transit. Le chiffrement garantit que même si des données sont interceptées ou consultées par des personnes non autorisées, elles restent illisibles. De plus, les entreprises doivent appliquer des contrôles d'accès stricts, notamment l'authentification multifacteur (MFA) et le principe du moindre privilège, afin de limiter le nombre de personnes pouvant accéder aux données sensibles. Des audits réguliers et le suivi des journaux d'accès peuvent également aider à détecter les schémas d'accès inhabituels pouvant indiquer une violation.

À mesure que la technologie évolue, l'émergence de nouvelles menaces, notamment les attaques basées sur l'intelligence artificielle (IA) et l'informatique quantique, représente également un risque potentiel. Les attaques basées sur l'IA sont capables de s'adapter rapidement aux défenses de sécurité traditionnelles et de les contourner, en utilisant l' apprentissage automatique pour identifier les vulnérabilités et les exploiter. À l'avenir, l'informatique quantique pourrait également menacer la sécurité des systèmes de chiffrement modernes, les rendant obsolètes. Face à l'évolution de ces technologies, les experts en cybersécurité devront rester vigilants et adopter des stratégies innovantes pour atténuer les nouveaux risques.

Le paysage des cybermenaces est en constante évolution, avec l'apparition régulière de nouvelles attaques plus sophistiquées. Pour se protéger contre ces menaces, particuliers et entreprises doivent adopter une approche proactive et multicouche de la cybersécurité. Cela inclut l'utilisation de logiciels de sécurité à jour, la formation des utilisateurs, la mise en place de défenses réseau robustes et la sensibilisation aux nouveaux dangers. En combinant un équipement adapté à de bonnes pratiques de cybersécurité, il est possible de réduire considérablement le risque d'être victime d'un nombre croissant de cybermenaces.

CHAPITRE 4

Sécurité des réseaux et réseaux sans fil

4.1. Principes de base de la sécurité des réseaux

La sécurité des réseaux est un élément essentiel de la cybersécurité. Elle vise à protéger l'intégrité, la confidentialité et la disponibilité des réseaux informatiques et des données qui y circulent. Elle implique la mise en œuvre de diverses technologies, règles et pratiques pour protéger les composants matériels et logiciels d'un réseau contre tout accès non autorisé, toute utilisation abusive, toute modification ou toute destruction. L'objectif principal de la sécurité réseau est de prévenir les attaques susceptibles d'endommager l'infrastructure d'un réseau, de voler des données sensibles ou de compromettre les capacités du réseau.

Au cœur de la sécurité du réseau se trouve la garantie que les utilisateurs et les appareils les plus autorisés puissent accéder aux ressources du réseau, tout en empêchant les acteurs malveillants d'exploiter les vulnérabilités. Ceci est particulièrement important dans un contexte technologique où les réseaux deviennent de plus en plus complexes, avec des structures interconnectées, des offres cloud et un nombre croissant de terminaux, tels que les smartphones, les tablettes et les objets connectés.

Un principe fondamental de la sécurité des réseaux est la distinction entre menaces internes et externes. Les menaces externes proviennent de l'extérieur du réseau, notamment des pirates informatiques ou des cybercriminels cherchant à obtenir un accès non autorisé. Les menaces internes, quant à elles, proviennent de l'intérieur de l'organisation, notamment des employés qui peuvent, par accident ou par malveillance, compromettre la sécurité du réseau. Les stratégies de sécurité des réseaux doivent donc être complètes et prendre en compte les deux types de menaces afin de garantir une défense solide.

L'un des éléments fondamentaux de la sécurité d'un réseau est la mise en œuvre de pare-feu. Un pare-feu sert de barrière entre un réseau interne et les réseaux externes, y compris Internet. Il filtre le trafic entrant et sortant selon des règles de sécurité prédéfinies, empêchant les accès non autorisés tout en autorisant le passage du trafic légitime. Les pare-feu peuvent être matériels, logiciels ou une combinaison des deux, et sont généralement déployés à la périphérie d'un réseau pour protéger les données sensibles des attaques externes.

Un autre élément crucial de la sécurité des réseaux est le chiffrement. Il consiste à convertir les données en un format codé, déchiffrable uniquement par des acteurs légitimes disposant de la clé de déchiffrement appropriée. Il est généralement utilisé pour protéger les données en transit, notamment les communications envoyées sur Internet ou les données échangées entre les appareils d'un réseau local. Le chiffrement garantit que, même interceptées par un attaquant, les données restent illisibles et inexploitables. Les protocoles sécurisés tels que HTTPS et SSL/TLS sont généralement utilisés pour chiffrer le trafic Internet, tandis que les réseaux privés virtuels (VPN) peuvent chiffrer les données transmises sur des réseaux non sécurisés, comme le Wi-Fi public.

Les systèmes de détection et de prévention des intrusions (IDS) et les systèmes de prévention des intrusions (IPS) sont également des composants essentiels de la protection du réseau. Les IDS surveillent le trafic réseau à la recherche de signes d'intérêt malveillant, notamment les tentatives d'accès non autorisées ou les comportements suspects. Ils génèrent des alertes dès qu'une anomalie est détectée, permettant ainsi aux administrateurs réseau d'effectuer des analyses complémentaires. Les IPS, quant à eux, adoptent une approche plus proactive en bloquant activement le trafic malveillant en temps réel. Ces systèmes sont essentiels pour identifier et atténuer les attaques, notamment les attaques par déni de service (DoS) ou par déni de service distribué (DDoS), avant qu'elles ne causent des dommages importants.

La gestion des accès est un autre principe clé de la sécurité des réseaux. Elle consiste à garantir que seules les personnes et appareils autorisés ont accès à certaines sources ou données du réseau. Une méthode courante de contrôle d'accès consiste à mettre en œuvre des mécanismes d'authentification, comprenant des noms d'utilisateur et des mots de passe, pour vérifier l'identité des utilisateurs avant de leur accorder l'accès. Des stratégies plus avancées, comme l'authentification multi-facteurs (MFA), exigent des utilisateurs qu'ils fournissent des moyens de vérification supplémentaires, comme un code à usage unique envoyé sur leur appareil mobile ou des données biométriques comme les empreintes digitales, offrant ainsi une couche de protection supplémentaire.

La segmentation est un autre exercice important de protection du réseau. Elle consiste à diviser un réseau en segments plus petits et isolés, souvent appelés sous-réseaux. Chaque phase possède ses propres règles de sécurité, ce qui complique l'accès à l'ensemble du réseau par les attaquants qui tentent d'en pirater une section. Par exemple, un réseau peut être segmenté en différentes zones: une pour les services publics comme les serveurs web, une autre pour les opérations internes et une autre pour les données sensibles. Cela limite l'impact d'une faille de sécurité, car les attaquants pourraient avoir besoin de contourner plusieurs couches de sécurité pour passer d'une phase à l'autre.

Un suivi et un audit réguliers de la communauté sont essentiels au maintien de la sécurité du réseau. Le suivi du réseau implique une analyse continue du trafic pour détecter tout signe d'intérêt inhabituel ou toute vulnérabilité fonctionnelle. Des outils tels que des analyseurs de réseau et des logiciels de surveillance peuvent détecter les anomalies en temps réel, permettant aux administrateurs réseau de réagir rapidement aux menaces. L'audit consiste à examiner régulièrement les règles d'intérêt et de sécurité du réseau afin d'identifier les faiblesses ou les lacunes à corriger.

Les correctifs et mises à jour de sécurité sont essentiels au maintien de l'intégrité d'un réseau. Les éditeurs de logiciels publient souvent des correctifs pour corriger les vulnérabilités connues de leurs produits. Ces correctifs corrigent les failles de sécurité susceptibles d'être exploitées par des attaquants pour accéder au réseau sans autorisation. Les administrateurs réseau doivent se tenir informés de ces mises à jour et les appliquer régulièrement afin de garantir la protection du réseau contre les menaces connues.

Un élément clé de la sécurité d'un réseau est la sécurisation des terminaux qui y sont connectés. Ces terminaux comprennent les ordinateurs, les smartphones, les appareils électroniques et autres appareils qui communiquent sur le réseau. La sécurité des terminaux implique de protéger ces appareils contre les logiciels malveillants, les virus et autres menaces susceptibles de compromettre l'ensemble du réseau. Les logiciels de sécurité des terminaux, notamment les antivirus et les solutions de détection et de réponse aux terminaux (EDR), peuvent aider à détecter et à atténuer les menaces sur les appareils personnels avant qu'elles ne se propagent sur le réseau.

La sécurité des réseaux se concentre de plus en plus sur la sécurisation des environnements cloud, où les entreprises stockent et gèrent leurs données. Avec la généralisation des offres cloud, la sécurisation des canaux de communication entre les réseaux locaux et les offres cloud est cruciale. Cela est rendu possible grâce à des technologies telles que le protocole SSL (Secure Sockets Layer), les réseaux privés virtuels (VPN) et les systèmes de contrôle d'identité qui protègent les données cloud contre les accès non autorisés.

La sécurité des réseaux est une discipline vaste et multidimensionnelle qui englobe un certain nombre de technologies, de pratiques et de directives visant à protéger l'intégrité et la confidentialité des réseaux et des données qu'ils gèrent. Il est important pour les organismes et les particuliers de mettre en œuvre diverses mesures de sécurité, notamment des pare-feu, le chiffrement, des systèmes de détection d'intrusion, des mécanismes de gestion des accès et une surveillance régulière, afin de se prémunir contre les menaces externes et internes. En adoptant une approche proactive de la sécurité des réseaux, les organismes et les particuliers peuvent réduire considérablement les risques de fuites de données, d'infections par des logiciels malveillants et de cyberattaques.

4.2. Sécurisation des réseaux sans fil

Les réseaux sans fil sont devenus un élément essentiel de notre quotidien, offrant la puissance et le confort de la mobilité. Cependant, ils présentent également des exigences de sécurité uniques. Sécuriser les réseaux sans fil est essentiel pour protéger les données sensibles, empêcher les accès non autorisés et atténuer les risques de cyberattaques. Contrairement aux réseaux filaires, souvent limités à des câbles physiques, les réseaux sans fil transmettent les données par ondes radio, ce qui les rend plus vulnérables aux interceptions et aux accès non autorisés s'ils ne sont pas correctement sécurisés.

L'une des premières étapes pour sécuriser un réseau sans fil consiste à bien configurer le routeur ou à accéder au point d'accès. Les paramètres par défaut de nombreux routeurs, notamment le nom d'utilisateur et le mot de passe par défaut, sont souvent vulnérables et faciles à deviner. La modification de ces paramètres par défaut est une première étape essentielle pour améliorer la sécurité. Des mots de passe forts et uniques doivent être définis pour l'interface d'administration du routeur et pour l'accès Wi-Fi au réseau. De plus, le micrologiciel du routeur doit être régulièrement mis à jour, car les fabricants publient régulièrement des mises à jour pour corriger les vulnérabilités reconnues et améliorer la sécurité.

Le chiffrement est un autre élément clé de la sécurisation d'un réseau sans fil. Les réseaux Wi-Fi utilisent généralement des protocoles de chiffrement pour protéger les données transmises par liaison radio. Les normes de chiffrement les plus couramment utilisées sont WEP (Wired Equivalent Privacy), WPA (Wi-Fi Protected Access) et WPA2. WEP est considéré comme obsolète et peu sûr et doit être évité. WPA2, le chiffrement le plus répandu, offre un niveau de sécurité élevé grâce au chiffrement AES (Advanced Encryption Standard). Si possible, il est recommandé d'activer WPA3, le protocole de chiffrement le plus avancé, qui offre une protection encore plus renforcée contre les attaques. Assurez-vous toujours que votre réseau sans fil est configuré pour appliquer au moins le chiffrement WPA2, car c'est le chiffrement le plus courant pour sécuriser les réseaux actuels.

Un autre élément crucial de la protection d'un réseau sans fil est l'utilisation d'un SSID (Service Set Identifier) fort. Le SSID est l'identifiant du réseau, diffusé aux appareils à la recherche d'une connexion Wi-Fi. Par défaut, de nombreux routeurs diffusent leur SSID ouvertement, rendant le réseau facilement détectable. Pour renforcer la protection, il est conseillé de désactiver la diffusion du SSID, rendant ainsi le réseau invisible aux observateurs occasionnels. Au lieu d'utiliser l'identifiant SSID par défaut, il est recommandé de choisir un identifiant personnalisé et anonyme, qui ne révèle aucune information sur le réseau ni sur son propriétaire.

Le contrôle d'accès est une autre mesure de sécurité essentielle pour les réseaux sans fil. Le filtrage d'adresse MAC (Media Access Control) permet de restreindre l'accès à un réseau sans fil. Chaque appareil se connectant à un réseau possède une adresse MAC unique. En activant le filtrage d'adresse MAC, un administrateur réseau peut créer une liste des appareils autorisés, autorisant ainsi uniquement ces appareils à se connecter au réseau. Bien que le filtrage d'adresse

MAC ajoute une couche de protection supplémentaire, il ne doit pas être considéré comme la seule méthode de sécurisation d'un réseau, car les adresses MAC peuvent être usurpées par des attaquants déterminés.

Outre le filtrage des adresses MAC, l'utilisation d'un réseau invité est recommandée lorsque des visiteurs ou des utilisateurs temporaires souhaitent accéder à Internet. Les réseaux invités sont isolés du réseau principal, empêchant ainsi les visiteurs d'accéder à des ressources sensibles, telles que des fichiers partagés ou des imprimantes. Un réseau invité doit également être sécurisé par un mot de passe personnel et configuré avec un chiffrement WPA2 ou WPA3 pour empêcher tout accès non autorisé.

Pour protéger efficacement un réseau sans fil, il est essentiel d'utiliser des protocoles d'authentification robustes et à jour. La méthode d'authentification la plus courante pour les réseaux sans fil est le WPA2-PSK (clé pré-partagée), qui nécessite la saisie d'un mot de passe pour se connecter au réseau. Si cette approche est efficace pour les réseaux domestiques et les petites entreprises, les grandes entreprises peuvent également tirer profit de techniques d'authentification plus avancées, comme le WPA2-Entreprise, qui utilise un serveur d'authentification centralisé pour confirmer l'identité des utilisateurs. Cette approche offre une protection plus efficace aux environnements professionnels, car elle permet de mieux contrôler et surveiller les accès au réseau.

Un autre point crucial à prendre en compte pour sécuriser les réseaux Wi-Fi est l'emplacement du routeur ou du point d'accès. L'emplacement physique de l'équipement Wi-Fi joue un rôle essentiel dans la sécurité du réseau. Les routeurs doivent être placés dans un endroit important du bâtiment, loin des fenêtres ou des murs extérieurs où le signal pourrait s'étendre à l'extérieur. En limitant la portée du signal Wi-Fi, le risque d'accès non autorisé depuis l'extérieur du bâtiment est réduit. De plus, installer le routeur dans un endroit sûr et accessible peut vous éviter toute altération physique ou réinitialisation non autorisée.

Les réseaux sans fil peuvent également être exposés à de nombreuses attaques, notamment l'écoute clandestine, l'usurpation d'identité et les attaques par déni de porteuse (DoS). Une attaque courante sur les réseaux sans fil est l'attaque « Evil Twin », où un attaquant configure un point d'accès malveillant avec le même SSID qu'un réseau légitime. Des utilisateurs peu méfiants peuvent se connecter par inadvertance à ce réseau malveillant, permettant ainsi à l'attaquant d'intercepter leurs données. Pour éviter d'être victime de telles attaques, les utilisateurs doivent vérifier qu'ils se connectent au bon réseau, en particulier dans les lieux publics ou les zones disposant de plusieurs réseaux Wi-Fi. De plus, l'utilisation de réseaux privés virtuels (VPN) peut offrir une couche supplémentaire de chiffrement et de confidentialité lors de l'utilisation des réseaux sans fil, garantissant que même si les données sont interceptées, elles restent illisibles pour les attaquants.

Un suivi régulier du réseau Wi-Fi est essentiel pour détecter toute activité inhabituelle ou tout accès non autorisé. De nombreux routeurs modernes intègrent des fonctions de suivi permettant aux administrateurs de consulter la liste des appareils connectés au réseau, avec leurs adresses MAC et IP. Ils peuvent consulter régulièrement cette liste pour identifier les appareils qui ne doivent plus être connectés et prendre les mesures appropriées, comme modifier le mot de passe du réseau ou bloquer l'appareil non autorisé. De plus, certains routeurs prennent en charge les fonctions de journalisation, qui fournissent des statistiques précises sur l'activité réseau, utiles pour identifier les menaces ou les failles de sécurité.

Enfin, les utilisateurs doivent être conscients des risques associés aux réseaux Wi-Fi publics. Ces réseaux, notamment ceux des cafés, des aéroports et des hôtels, sont souvent non sécurisés et vulnérables aux attaques. Lorsqu'ils utilisent un Wi-Fi public, les utilisateurs doivent éviter d'accéder à des données sensibles, notamment leurs transactions bancaires en ligne ou leurs comptes personnels, car leurs données peuvent être interceptées par des pirates. Pour atténuer ce risque, il est conseillé d'utiliser systématiquement un VPN lors de la connexion à un Wi-Fi public. Ce VPN crypte vos données et garantit qu'elles ne peuvent pas être facilement interceptées par des acteurs malveillants.

La sécurisation des réseaux Wi-Fi est un enjeu majeur de cybersécurité qui nécessite une stratégie multidimensionnelle. En utilisant un chiffrement renforcé, en désactivant la diffusion SSID, en appliquant des contrôles d'accès et en surveillant régulièrement le réseau, les particuliers et les entreprises peuvent réduire considérablement les risques d'accès non autorisés et de violations de données. La sécurité des réseaux sans fil est un processus continu qui exige vigilance, mises à jour régulières et respect des bonnes pratiques pour garantir la protection du réseau face aux menaces en constante évolution. Alors que les réseaux Wi-Fi jouent un rôle de plus en plus important dans la vie privée et professionnelle, l'importance de leur sécurisation est cruciale.

4.3. VPN et confidentialité

À l'ère du numérique, où les données sont transmises en continu sur Internet, la confidentialité est devenue un sujet de plus en plus important. L'utilisation de réseaux privés virtuels (VPN) s'est imposée comme l'un des outils les plus efficaces pour protéger la confidentialité et les informations sensibles des regards indiscrets. Un VPN permet aux utilisateurs d'établir une connexion stable et cryptée entre leur appareil et Internet. Cette connexion permet de protéger leurs activités en ligne de la surveillance, des pirates informatiques et des activités non autorisées, garantissant ainsi une plus grande confidentialité lors de l'utilisation d'Internet.

L'un des principaux avantages d'un VPN est sa capacité à chiffrer les données. Lorsqu'un utilisateur se connecte à un VPN, le trafic Internet est chiffré, ce qui rend quasiment impossible l'interception ou le déchiffrement des données transmises. Ceci est particulièrement important lors de l'utilisation de réseaux publics ou non sécurisés, comme ceux des cafés, des aéroports et autres lieux publics. Sans chiffrement, les données transmises sur ces réseaux sont susceptibles d'être interceptées par des acteurs malveillants qui pourraient également tenter de voler des données personnelles, des identifiants de connexion ou des informations financières. Grâce à un VPN, les utilisateurs peuvent s'assurer que leurs données sont chiffrées en toute sécurité, même sur les réseaux Wi-Fi publics.

Une autre caractéristique clé des VPN est leur capacité à masquer l'adresse IP d'un utilisateur. Chaque appareil connecté à Internet se voit attribuer une adresse IP unique qui identifie sa localisation et peut potentiellement surveiller l'emplacement physique d'un utilisateur. Les VPN acheminent le trafic Internet via un serveur distant, qui masque efficacement l'adresse IP de l'utilisateur et en attribue une nouvelle depuis le serveur VPN. Il est ainsi beaucoup plus difficile pour les sites web, les annonceurs et même les acteurs malveillants de surveiller la navigation de l'utilisateur ou de localiser son emplacement physique. Outre la protection de la vie privée, cette option est également utile pour accéder à des contenus potentiellement restreints ou censurés dans certaines zones géographiques. En se connectant à un serveur VPN dans un autre pays, les utilisateurs peuvent contourner les restrictions géographiques et accéder à des sites web et services qui seraient autrement inaccessibles.

Les VPN jouent également un rôle essentiel dans la protection des utilisateurs contre la surveillance en ligne. Les fournisseurs d'accès à Internet (FAI), les gouvernements et d'autres organisations peuvent surveiller les activités en ligne d'un utilisateur et ajuster ses historiques de navigation, ses requêtes de recherche, voire les sites web qu'il consulte. Ces statistiques peuvent être collectées et potentiellement utilisées à des fins de marketing ciblé, de profilage, voire de surveillance. En chiffrant le trafic web et en masquant l'adresse IP de l'utilisateur, un VPN empêche des tiers de suivre ou de collecter des informations sur son comportement en ligne. Ceci est particulièrement important pour les personnes qui tiennent à leur vie privée et souhaitent protéger leurs informations personnelles contre toute divulgation aux annonceurs ou aux autorités.

Au-delà de la protection de la vie privée, les VPN renforcent également la sécurité lors de l'accès à des services en ligne sensibles. Par exemple, lors de l'utilisation de services bancaires en ligne, de la saisie d'identifiants personnels ou de l'accès aux réseaux d'entreprise, les utilisateurs doivent s'assurer de la sécurité de leurs données. Les VPN offrent une protection supplémentaire en garantissant la transmission sécurisée des données sensibles. Cela réduit les risques de fuite de données, d'usurpation d'identité ou de fraude financière, qui peuvent survenir si des données sensibles sont transmises via une connexion non sécurisée. Les VPN sont particulièrement essentiels pour les employés travaillant à distance ou accédant aux réseaux d'entreprise depuis des emplacements externes, car ils contribuent à protéger les données de l'entreprise contre les pirates et les cybercriminels.

Bien que les VPN soient un outil efficace pour protéger la confidentialité, il est essentiel de comprendre qu'ils ne constituent pas une solution miracle à tous les problèmes de confidentialité en ligne. Un VPN peut masquer l'adresse IP d'un utilisateur et chiffrer ses données, mais il ne garantit pas un anonymat total en ligne. Les sites web peuvent néanmoins suivre les utilisateurs par d'autres moyens, notamment les cookies, l'empreinte digitale du navigateur et les scripts de suivi. Il est donc essentiel que les utilisateurs combinent l'utilisation d'un VPN avec d'autres pratiques de confidentialité, comme la suppression régulière des cookies, la désactivation des scripts de surveillance et l'utilisation de navigateurs respectueux de la confidentialité. De plus, certains fournisseurs de VPN peuvent enregistrer les activités des utilisateurs ou appliquer des règles de confidentialité qui ne correspondent pas entièrement à leurs attentes. Il est essentiel de choisir un bon fournisseur de VPN qui applique une politique stricte de non-conservation des journaux et qui assure une confidentialité transparente.

L'utilisation des VPN est également sujette à des considérations juridiques et réglementaires. Dans certains pays, l'utilisation des VPN peut être limitée, voire illégale, notamment pour contourner la censure gouvernementale ou accéder à des contenus bloqués. Dans ce cas, les utilisateurs doivent être conscients des implications pénales et se demander si l'utilisation d'un VPN dans leur juridiction constitue une violation du droit local. Il est également important de noter que, même si les VPN offrent d'importants avantages en matière de confidentialité, ils ne protègent pas contre tous les types de cyberattaques, notamment le phishing ou les logiciels malveillants. Les utilisateurs doivent respecter certaines bonnes pratiques, notamment l'utilisation de mots de passe forts et l'installation d'un antivirus, pour garantir une sécurité optimale.

Les VPN sont disponibles dans de nombreuses administrations, des services gratuits aux options payantes haut de gamme. Si les offres VPN gratuites peuvent paraître attrayantes, elles présentent souvent des inconvénients, notamment des vitesses plus lentes, un nombre réduit d'emplacements serveurs et des risques potentiels de sécurité. Certains fournisseurs de VPN gratuits peuvent même publier et diffuser des informations sur les utilisateurs, compromettant ainsi les avantages d'un VPN en matière de confidentialité. Les offres VPN premium, en revanche, offrent généralement de meilleures performances, des fonctionnalités de sécurité plus performantes et une protection de la confidentialité plus complète. Elles incluent souvent des outils supplémentaires, tels que des kill switchs (qui déconnectent l'utilisateur en cas de perte de connexion VPN) et une protection contre les fuites DNS, qui renforcent également la sécurité et la confidentialité.

Pour ceux qui privilégient la confidentialité en ligne, choisir le bon fournisseur VPN est crucial. Parmi les points clés à prendre en compte figurent la politique de journalisation de l'entreprise, le niveau de chiffrement proposé, la disponibilité des serveurs dans différentes zones géographiques et l'audit éventuel du service par des tiers indépendants pour confirmer ses déclarations. Les utilisateurs doivent également tenir compte des options de service client de l'entreprise, de la facilité d'utilisation de son logiciel et du coût du service.

Les VPN ne sont pas seulement précieux pour les particuliers souhaitant préserver leur vie privée, ils sont également de plus en plus utilisés par les entreprises pour sécuriser leurs communications et protéger leurs données sensibles. Les entreprises qui traitent d'importants volumes de données personnelles, comme les institutions financières, les établissements de santé et les agences gouvernementales, comptent sur les VPN pour sécuriser leurs réseaux internes et se protéger des cybermenaces. En utilisant les VPN pour établir des canaux d'échange sécurisés entre le personnel, les clients et les serveurs distants, les organisations peuvent réduire le risque de violation de données et garantir la protection des données sensibles contre les menaces externes.

Les VPN sont un outil efficace pour protéger la confidentialité et sécuriser les activités en ligne. En chiffrant le trafic web et en protégeant les adresses IP, ils offrent aux utilisateurs une protection renforcée contre la surveillance, le piratage et le vol de données. Que ce soit pour un usage privé ou professionnel, les VPN sont un outil essentiel dans le paysage actuel de la cybersécurité, permettant aux particuliers et aux entreprises de protéger leurs données sensibles, de préserver leur vie privée et de garder le contrôle de leurs activités en ligne. Cependant, les utilisateurs doivent être conscients que les VPN ne sont pas une solution miracle à tous les problèmes de confidentialité, et que leur utilisation combinée à d'autres pratiques de sécurité est essentielle pour une sécurité optimale.

4.4. Conseils de sécurité réseau

La sécurité des réseaux est un enjeu essentiel pour la protection des informations personnelles et organisationnelles. La sécurité d'un réseau ne se limite pas à le protéger des menaces externes, mais consiste également à garantir que tous les systèmes internes sont protégés contre toute utilisation abusive ou tout accès non autorisé. Des pratiques de sécurité réseau appropriées permettent de limiter les risques de cyberattaques, de violations de données et de compromissions.

Pour sécuriser efficacement un réseau, les particuliers comme les entreprises doivent adopter de nombreuses stratégies. Voici quelques conseils clés en matière de sécurité réseau qui peuvent renforcer la sécurité et garantir un fonctionnement sûr et stable du réseau.

L'un des éléments fondamentaux de la sécurité du réseau est la mise en place de contrôles d'accès stricts. Limiter l'accès aux données sensibles et aux ressources du réseau est essentiel pour réduire les risques d'accès non autorisé. Les administrateurs réseau doivent s'assurer que le personnel juridique le plus qualifié a accès à certaines parties du réseau et qu'ils doivent définir des autorisations claires pour chaque utilisateur ou appareil. Cela peut être réalisé grâce à des méthodes telles que l'authentification des utilisateurs, le contrôle d'accès basé sur les fonctions (RBAC) et le principe du moindre privilège, où les utilisateurs et les appareils ne bénéficient que du niveau d'accès minimal nécessaire à l'exécution de leurs tâches. De plus, l'authentification multi-composants (MFA) doit être appliquée autant que possible. L'MFA offre un niveau de protection supplémentaire en exigeant des utilisateurs qu'ils fournissent une vérification supplémentaire, comme une empreinte digitale ou un code d'accès à usage unique, en plus de leur mot de passe.

La mise à jour régulière du matériel et des logiciels réseau est une étape importante pour assurer la sécurité du réseau. Les routeurs et les pare-feu doivent être mis à jour avec les derniers correctifs logiciels et micrologiciels. Les fournisseurs publient souvent des mises à jour pour corriger les vulnérabilités, corriger les failles de sécurité et améliorer les performances générales. Ne pas installer ces mises à jour expose le réseau à des vulnérabilités de sécurité connues, susceptibles d'être exploitées par des attaquants. De même, les périphériques réseau, tels que les commutateurs, les points d'accès et les serveurs, doivent être configurés pour installer automatiquement les correctifs et les mises à jour dès leur disponibilité.

La sécurisation du périmètre réseau, grâce à des pare-feu et des systèmes de détection d'intrusion (IDS), est essentielle pour stopper les menaces informatiques avant qu'elles ne pénètrent dans le réseau. Les pare-feu agissent comme des barrières entre les réseaux internes et externes, filtrant le trafic entrant et sortant afin d'empêcher tout accès non autorisé. En configurant les pare-feu pour n'autoriser que le trafic provenant des ressources de confiance, les administrateurs réseau peuvent réduire considérablement les risques d'attaque. Les systèmes de détection d'intrusion (IDS) et de prévention d'intrusion (IPS) analysent le trafic réseau à la recherche de signes d'activité suspecte. Lorsqu'une menace potentielle est détectée, un IDS alerte les administrateurs, tandis qu'un IPS peut bloquer activement le trafic malveillant en temps réel.

Les mots de passe vulnérables ou mal configurés constituent une vulnérabilité courante en matière de sécurité informatique. Les mots de passe constituent souvent la première ligne de défense contre les accès non autorisés; il est donc crucial d'appliquer des règles strictes en matière de mots de passe au sein de la communauté. Il est recommandé aux utilisateurs de créer des mots de passe longs et complexes, combinant majuscules et minuscules, chiffres et caractères spéciaux. Les mots de passe doivent être spécifiques à chaque compte et modifiés régulièrement afin de réduire les risques de compromission. Outre l'utilisation de mots de passe robustes, il est également essentiel de mettre en place un gestionnaire de mots de passe pour stocker et manipuler les mots de passe de manière sécurisée. L'utilisation d'un gestionnaire de mots de passe garantit aux utilisateurs et aux employés l'accès à leurs comptes sans risque d'oubli, tout en favorisant l'utilisation d'identifiants plus robustes et plus complexes.

L'une des meilleures méthodes pour sécuriser un réseau est la segmentation du réseau. Diviser un réseau en segments plus petits et isolés peut contribuer à limiter la propagation d'attaques de sécurité. Par exemple, une entreprise peut segmenter ses systèmes internes en différents segments selon leurs caractéristiques, notamment en séparant les systèmes comptables des structures des autres services. Cette segmentation garantit que si un segment du réseau est compromis, les dommages sont limités et n'affectent pas l'ensemble du réseau. De plus, elle simplifie le suivi et l'audit des activités du réseau, facilitant ainsi la détection des anomalies et l'atténuation des risques dans certaines zones du réseau.

Un autre conseil consiste à chiffrer les informations sensibles transmises sur le réseau. Le chiffrement garantit que, même en cas d'interception des données pendant leur transmission, des personnes non autorisées ne peuvent les consulter ni y accéder. Ceci est particulièrement important pour les données sensibles, telles que les statistiques économiques, les données médicales ou les informations personnelles identifiables (PII). Par exemple, l'utilisation de protocoles tels que Secure Socket Layer (SSL) et Transport Layer Security (TLS) chiffre les données entre les serveurs web et les utilisateurs, garantissant ainsi la confidentialité des communications. Il est également recommandé de chiffrer les données au repos, y compris les fichiers enregistrés sur un serveur réseau, afin d'empêcher tout accès non autorisé en cas de compromission du périphérique de stockage.

La surveillance et la journalisation des activités de la communauté constituent un autre moyen important d'améliorer la sécurité du réseau. En suivant activement le trafic réseau, les journaux système et les événements de sécurité, les administrateurs peuvent rapidement détecter les activités inhabituelles susceptibles de signaler une faille de sécurité. La configuration de signaux automatiques pour les comportements suspects, comme une augmentation inhabituelle du trafic ou des tentatives de connexion, permet une réaction et une enquête rapides. La journalisation est essentielle pour retracer les incidents de sécurité qui se produisent, fournir un rapport sur les événements et la manière dont la faille a été traitée. Ces enregistrements peuvent être précieux pour identifier les vulnérabilités et améliorer la sécurité globale du réseau.

La mise en œuvre d'une stratégie de sauvegarde robuste est un élément essentiel de la sécurité d'une communauté, souvent négligé. Si la prévention des attaques est souvent au cœur des préoccupations, il est tout aussi important de se préparer aux incidents de sécurité, notamment les attaques par rançongiciel ou les pannes matérielles. Sauvegarder régulièrement les données et les configurations critiques des machines garantit, en cas d'attaque ou de panne, une récupération des données avec un minimum de temps d'arrêt ou de perte. Les sauvegardes doivent être stockées dans des emplacements en ligne stables et hors site, et vérifiées régulièrement afin de garantir leur restauration en cas de besoin. Les sauvegardes dans le cloud sont une excellente solution pour garantir un stockage complet et un accès facile aux données, même en cas de sinistre.

La formation des utilisateurs est l'un des facteurs les plus importants de la sécurité d'une communauté. Même les systèmes de sécurité les plus performants ne peuvent se prémunir contre les erreurs humaines. Les programmes de formation à la cybersécurité destinés au personnel ou aux utilisateurs peuvent réduire considérablement le risque de failles de sécurité courantes, comme les attaques de phishing, l'utilisation de mots de passe vulnérables ou la mauvaise configuration des appareils. En sensibilisant régulièrement les utilisateurs à l'importance des bonnes pratiques de sécurité, les entreprises peuvent favoriser une culture de la sécurité qui complique la tâche des attaquants. La formation doit porter sur des sujets tels que la reconnaissance des e-mails de phishing, la connaissance des risques liés aux réseaux Wi-Fi publics et la gestion des données sensibles.

Sécuriser un réseau nécessite une approche multidimensionnelle, alliant solutions techniques, sensibilisation des consommateurs et vigilance permanente. En suivant ces conseils essentiels de protection des réseaux, particuliers et entreprises peuvent protéger leurs données, limiter les risques de cyberattaques et garantir l'intégrité et la confidentialité de leurs réseaux. La révision et la mise à jour régulières des fonctionnalités de sécurité du réseau, la connaissance des menaces émergentes et l'adoption d'un mode de vie axé sur la sécurité sont essentielles pour maintenir une défense solide face à l'évolution des cybermenaces.

CHAPITRE 5

Sécurité mobile

5.1. Mesures de sécurité des smartphones

Les smartphones sont devenus des outils essentiels de notre société actuelle, offrant une multitude de services, de la communication et du divertissement aux services bancaires et à l'organisation personnelle. Cependant, avec leur intégration croissante dans tous les aspects de notre quotidien, ils sont également devenus des cibles privilégiées pour les cybercriminels cherchant à exploiter leurs vulnérabilités. Sécuriser son téléphone est désormais essentiel, non seulement pour protéger ses données personnelles, mais aussi pour éviter d'être victime de logiciels malveillants, de violations de données ou d'accès non autorisés.

La première mesure essentielle pour sécuriser un smartphone est d'activer une authentification robuste. Cela implique de configurer un verrouillage d'écran, qui peut prendre la forme d'un code PIN, d'un mot de passe, d'une empreinte digitale ou d'une reconnaissance faciale. Une authentification forte constitue une couche de défense essentielle, rendant l'accès à votre appareil plus difficile aux pirates en cas de perte ou de vol. Un code PIN ou un mot de passe doit être long, précis et difficilement devinable, tandis que l'authentification biométrique, comme l'empreinte digitale ou la reconnaissance faciale, offre un confort supplémentaire sans compromettre la sécurité.

Un autre point crucial en matière de sécurité est de maintenir à jour le système d'exploitation et les applications du téléphone. Les fabricants d'appareils mobiles et les développeurs d'applications publient régulièrement des mises à jour pour corriger les vulnérabilités, améliorer les fonctionnalités et corriger les bogues. Ces mises à jour sont essentielles pour combler les failles de sécurité susceptibles d'être exploitées par des acteurs malveillants. Les utilisateurs doivent autoriser les mises à jour automatiques autant que possible afin de garantir la stabilité de leurs appareils sans intervention manuelle.

un logiciel de protection sur votre smartphone est une autre étape importante pour protéger votre appareil. Les applications antivirus spécialement conçues pour les systèmes mobiles peuvent détecter et supprimer les applications, logiciels et virus malveillants. Ces applications peuvent détecter les menaces, alerter les utilisateurs des activités suspectes et assurer une protection en temps réel contre les menaces informatiques. Il est important de choisir une application de sécurité mobile fiable, bénéficiant d'évaluations de qualité et d'un historique de performances validé pour sa protection contre les cybermenaces en constante évolution. Bien qu'aucune solution ne puisse offrir une protection à 100 %, un logiciel de sécurité fiable augmente les chances d'identifier et de bloquer les attaques.

En matière de sécurité des applications, les utilisateurs doivent être vigilants quant aux applications qu'ils téléchargent et aux autorisations qu'ils accordent. Installez uniquement des applications provenant de sources fiables, comme le Google Play Store ou l'App Store d'Apple. Méfiez-vous des boutiques d'applications tierces, qui pourraient distribuer des applications contenant des logiciels malveillants ou d'autres codes malveillants. De plus, les utilisateurs doivent vérifier attentivement les autorisations des applications avant d'accorder l'accès à des informations sensibles. Par exemple, une simple application de retouche photo ne devrait pas avoir accès à vos contacts ni à votre microphone. En limitant les autorisations inutiles, les utilisateurs peuvent limiter le risque de partage d'informations personnelles avec des tiers malveillants.

Chiffrer les données sensibles enregistrées sur votre téléphone est un autre moyen efficace de renforcer votre sécurité. La plupart des smartphones modernes sont dotés de fonctions de chiffrement intégrées, qui protègent les données de votre appareil en les convertissant en code illisible, accessible uniquement avec les identifiants corrects. Ainsi, même en cas de perte ou de vol de l'appareil, toutes les données sensibles, telles que les coordonnées bancaires, les mots de passe ou les fichiers personnels, restent enregistrées. Le chiffrement est essentiel pour protéger votre vie privée et empêcher tout accès non autorisé à vos données.

Utiliser un réseau privé virtuel (VPN) pour accéder à internet via un Wi-Fi public est une mesure de protection cellulaire essentielle. Les réseaux publics, notamment ceux des cafés, des aéroports ou des hôtels, sont souvent non sécurisés et peuvent exposer vos données à des interceptions par des cybercriminels. Un VPN chiffre votre trafic internet et crée un tunnel sécurisé pour vos données, même sur les réseaux non sécurisés. Cela empêche les pirates d'accéder à vos informations personnelles, telles que vos identifiants de connexion, vos historiques de navigation ou vos informations de carte bancaire, même lorsque vous utilisez un Wi-Fi public.

De plus, il est crucial de sécuriser votre téléphone grâce à des fonctions de localisation et d'effacement à distance. En cas de perte ou de vol, des outils comme « Localiser mon iPhone » pour les appareils Apple et « Localiser mon appareil » pour les appareils Android vous permettront de retrouver votre téléphone, de le verrouiller à distance ou d'effacer toutes les données qu'il contient. Cela garantit que vos données sensibles ne tombent pas entre de mauvaises mains. Activer l'effacement à distance peut s'avérer une solution miracle si vous ne parvenez pas à récupérer votre appareil, car cela efface complètement toutes vos données personnelles, le rendant ainsi inaccessible aux voleurs.

Un autre point clé de la sécurité mobile est la prudence avec les liens et les pièces jointes des messages ou des e-mails. Les attaques d'hameçonnage (phishing) sont une tactique courante utilisée par les cybercriminels pour voler des données personnelles. Ces attaques prennent souvent la forme de messages frauduleux qui semblent légitimes, mais qui contiennent des liens ou des pièces jointes qui, lorsqu'on clique dessus, mènent à des sites web malveillants ou déploient des logiciels malveillants sur votre téléphone. Vérifiez toujours la source d'un message avant d'interagir avec un lien ou une pièce jointe. En cas de doute, ne cliquez pas dessus et visitez plutôt le site web immédiatement en saisissant son adresse dans votre navigateur.

Pour les personnes qui stockent des informations sensibles telles que des mots de passe, des données financières ou des données scientifiques sur leurs smartphones, il est très utile d'utiliser un gestionnaire de mots de passe. Un gestionnaire de mots de passe stocke en toute sécurité les mots de passe et autres informations sensibles, grâce à un chiffrement robuste qui empêche tout accès non autorisé. Ces outils aident non seulement les utilisateurs à créer des mots de passe forts et spécifiques pour des comptes spécifiques, mais garantissent également que les mots de passe ne sont pas stockés de manière non sécurisée. De nombreux gestionnaires de mots de passe intègrent également des fonctions d'authentification à deux facteurs (2FA), ajoutant une couche de protection supplémentaire pour les comptes importants.

La sauvegarde de vos données est également une mesure de sécurité essentielle. Sauvegarder régulièrement les données de votre téléphone vous garantit de ne pas perdre de données importantes en cas de panne, de vol ou de perte. Les solutions de sauvegarde dans le cloud, comme Google Drive pour les appareils Android et iCloud pour les iPhone, permettent de sauvegarder facilement et en toute sécurité vos données et de les restaurer rapidement si nécessaire. De plus, les sauvegardes physiques sur un support de stockage externe, comme un ordinateur ou un disque dur externe, offrent une sécurité renforcée.

Enfin, il est crucial de prendre en compte les dangers liés à l'utilisation du Bluetooth et des autres connexions sans fil. Les appareils compatibles Bluetooth peuvent parfois être exploités par des pirates informatiques pour accéder à votre téléphone sans autorisation. Lorsque vous ne l'utilisez pas, désactivez le Bluetooth et les autres fonctionnalités sans fil, comme la NFC (Near Field Communication), afin de réduire les risques d'être ciblé par des cybercriminels. Si vous utilisez le Bluetooth, assurez-vous que votre appareil est en mode « masqué » ou « invisible », afin qu'il ne soit pas facilement détecté.

Sécuriser un smartphone exige une combinaison de mesures proactives et de prudence. En mettant en œuvre des méthodes d'authentification robustes, en mettant à jour régulièrement l'outil et les applications, en utilisant des logiciels de sécurité fiables et en utilisant le chiffrement, les utilisateurs peuvent réduire considérablement le risque de compromission de leurs appareils. De plus, être attentif aux menaces courantes comme le phishing, gérer les autorisations des applications avec prudence et utiliser des outils comme les VPN et les options d'effacement à distance renforce encore la sécurité des téléphones. Avec les précautions appropriées, les smartphones peuvent rester sécurisés et protéger leurs précieuses données personnelles contre les attaques malveillantes.

5.2. Autorisations des applications et partage de données

Dans un paysage virtuel ultramoderne, les smartphones sont devenus des outils essentiels qui conservent une quantité considérable de données personnelles. Des photos et contacts aux informations bancaires et médicales, les appareils mobiles abritent bon nombre de nos données les plus sensibles. Avec des applications de plus en plus sophistiquées, les autorisations qu'elles demandent peuvent avoir un impact considérable sur notre vie privée et notre sécurité. Comprendre et gérer les autorisations des applications est essentiel pour protéger vos données personnelles et vous assurer que vos données ne sont pas exposées à des risques inutiles.

Les autorisations d'application sont les droits spécifiques accordés à une application pour accéder à certaines fonctions ou statistiques de votre téléphone. Lorsque vous installez une nouvelle application, elle requiert généralement plusieurs autorisations, qui peuvent également inclure l'accès à votre appareil photo, votre microphone, votre espace, vos contacts, votre calendrier, etc. Si certaines de ces autorisations sont essentielles au bon fonctionnement de l'application (par exemple, une application photo nécessitant l'accès à votre appareil photo), d'autres peuvent être inutiles ou excessives. Il est donc essentiel d'analyser et de gérer soigneusement ces autorisations afin d'éviter les pertes de données ou les abus.

De nombreuses applications demandent des autorisations qui vont au-delà de ce qui est nécessaire à leur fonctionnalité principale. Par exemple, une simple application de lampe de poche peut également demander l'accès à vos contacts ou à votre espace, même si ces données ne sont pas obligatoires pour son fonctionnement. Accorder ces autorisations inutiles augmente le risque de divulgation ou d'utilisation abusive de données personnelles, que ce soit par l'application elle-même ou par d'éventuelles failles de sécurité. Pour limiter ce risque, il est conseillé de refuser ou de limiter les autorisations qui ne sont pas essentielles au fonctionnement de l'application.

Les smartphones modernes offrent un certain contrôle sur les autorisations des applications, vous permettant de vérifier, modifier ou révoquer l'accès à certaines fonctionnalités ou informations à tout moment. Les systèmes d'exploitation iOS et Android proposent des paramètres centralisés permettant aux utilisateurs de voir quelles applications ont accès à des données spécifiques, comme la localisation, les contacts, l'appareil photo et le microphone. Il est essentiel de vérifier régulièrement ces paramètres, car les applications peuvent demander de nouvelles autorisations après une mise à jour. En vérifiant régulièrement les autorisations de vos applications, vous vous assurez que seules les applications qui ont réellement besoin d'accéder aux données sensibles y ont accès.

Par exemple, si une application de climatisation vous demande l'accès à vos contacts ou à votre calendrier, vous pouvez désactiver ces autorisations dans les paramètres de votre téléphone. De même, si une application de retouche photo vous demande l'accès à une zone géographique et que vous ne souhaitez pas partager ces données, vous pouvez révoquer cette autorisation. Demandez-vous toujours si une application nécessite réellement l'accès à une fonctionnalité spécifique ou si elle le demande pour des raisons potentiellement douteuses. Dans la plupart des cas, vous pouvez toujours utiliser l'application sans accorder l'accès complet à toutes vos données.

Le principe du moindre privilège doit guider vos choix concernant les autorisations des applications. Cela signifie qu'il faut accorder à une application uniquement les autorisations qu'elle souhaite réellement. Par exemple, une application de saisie de texte peut avoir besoin d'accéder uniquement à votre espace de stockage, tandis qu'une application de messagerie peut avoir besoin d'accéder à vos contacts et à votre appareil photo. Elle ne doit pas demander d'autorisation pour accéder à votre microphone, à votre espace ou à d'autres données, sauf pour une raison claire et valable. En suivant ce principe, vous réduisez le risque d'utilisation abusive des données et limitez votre exposition aux atteintes à la vie privée.

Outre le contrôle des autorisations, les utilisateurs doivent également être vigilants quant aux données qu'ils partagent avec les applications. De nombreuses applications demandent des informations personnelles lors de l'inscription, notamment votre nom, votre adresse e-mail ou des informations plus sensibles comme vos données financières ou vos comptes sur les réseaux sociaux. Avant de partager des données personnelles, demandez-vous si leur fonctionnalité est essentielle. Certaines applications peuvent demander des informations dont elles n'ont plus besoin pour leurs services, mais les collectent également à des fins marketing. Dans ce cas, il est souvent préférable d'éviter de partager des informations inutiles ou de rechercher d'autres applications qui respectent votre vie privée.

De plus, il est essentiel de respecter les règles de partage des données de l'application. De nombreuses applications partagent les données utilisateur avec des tiers, notamment des annonceurs, des sociétés d'analyse ou des partenaires commerciaux. Ce partage d'informations peut engendrer des publicités ciblées, mais il soulève également des questions quant à l'utilisation de vos données personnelles et à leur confidentialité. Consultez toujours la politique de confidentialité de l'application pour savoir comment vos données sont utilisées, enregistrées et partagées. Certaines applications proposent des options permettant de restreindre le partage des données ou de refuser les publicités ciblées, ce qui permet de mieux contrôler l'utilisation de vos données.

Méfiez-vous également des applications qui demandent l'accès à votre compte de réseaux sociaux ou à d'autres services. Ces applications peuvent avoir des motifs légitimes de demander cet accès, comme l'intégration à votre calendrier ou l'extraction de vos contacts, mais elles présentent également un risque si leur sécurité est compromise. Si vous décidez d'accorder l'accès à un compte de réseau social, réfléchissez à l'étendue des autorisations accordées. Vous pouvez également limiter la capacité de l'application à publier en votre nom, à accéder à votre liste d'amis ou à consulter vos données personnelles.

Il est également très utile de vérifier si l'application offre des mesures de protection des données robustes, notamment le chiffrement. Le chiffrement garantit que toutes les informations transmises entre l'application et ses serveurs sont brouillées, ce qui rend difficile l'interception ou le vol de vos données par des pirates. Les applications qui ne proposent pas de chiffrement devraient exposer vos données aux cybercriminels, en particulier lorsqu'elles transitent par des réseaux non sécurisés, comme les Wi-Fi publics.

Une pratique courante que beaucoup d'utilisateurs oublient est de se déconnecter des applications lorsqu'elles ne sont pas utilisées, notamment lorsqu'elles utilisent des appareils partagés. De nombreuses applications, notamment les réseaux sociaux et les applications bancaires, offrent la possibilité de rester connecté pour plus de confort. Cependant, laisser ses comptes ouverts sur des appareils partagés ou publics augmente le risque d'accès non autorisé. Se déconnecter régulièrement des applications garantit la sécurité de vos données, notamment en cas de perte ou de vol de votre appareil.

Pour les utilisateurs soucieux de leur vie privée, des applications et outils dédiés existent. Par exemple, certains navigateurs et applications de messagerie privilégient la confidentialité en ne surveillant pas les activités des utilisateurs et en ne partageant pas d'informations avec des tiers. De même, des applications VPN offrent une connexion sécurisée lors de la navigation sur Internet, masquant votre position et protégeant vos données contre tout accès non autorisé.

Les autorisations des applications et le partage de données sont des éléments importants de la sécurité mobile. En enregistrant les autorisations demandées par les applications et en limitant l'accès aux données sensibles, les utilisateurs peuvent réduire considérablement le risque de divulgation ou d'utilisation abusive de leurs données personnelles. Vérifier et ajuster régulièrement les autorisations des applications, être vigilant quant aux données partagées et choisir des applications avec des règles de confidentialité strictes sont des étapes clés pour garantir la sécurité de votre téléphone et la protection de vos données. En étant vigilant et proactif, vous pouvez profiter des avantages de la technologie mobile sans compromettre votre vie privée.

5.3. Logiciel antivirus pour appareils mobiles

Dans un monde de plus en plus connecté, les appareils mobiles sont devenus bien plus que de simples outils d'échange verbal; ils stockent un large éventail de données personnelles, telles que des photos, des mots de passe, des données financières et même des communications professionnelles sensibles. L'utilisation croissante des smartphones et des tablettes s'accompagne d'une augmentation du risque. Tout comme les ordinateurs sont vulnérables aux logiciels malveillants, aux virus et autres cybermenaces, les appareils mobiles sont également exposés. Les logiciels antivirus pour appareils mobiles sont devenus un outil essentiel de protection contre ces risques, garantissant la sécurité et la confidentialité des utilisateurs au sein de l'écosystème mobile.

Les logiciels antivirus pour appareils mobiles fonctionnent de manière très similaire à leurs homologues informatiques: ils analysent, détectent et neutralisent les menaces telles que les logiciels malveillants, les rançongiciels, les logiciels espions et autres types de logiciels malveillants. L'utilisation des appareils mobiles pour des tâches très diverses (navigation, téléchargement d'applications, opérations bancaires en ligne, achats en ligne, etc.) en fait des cibles privilégiées pour les cybercriminels cherchant à voler des données sensibles ou à perturber leurs opérations. C'est pourquoi les logiciels antivirus pour appareils mobiles ont été développés pour offrir des fonctionnalités avancées, spécifiquement adaptées à la sécurité mobile.

Les appareils mobiles, notamment ceux fonctionnant sous Android et iOS, sont exposés à des menaces spécifiques. Les appareils Android sont souvent considérés comme plus vulnérables en raison de la nature ouverte du système d'exploitation, qui autorise l'installation d'applications provenant de sources tierces en dehors du Google Play Store officiel. Cela augmente le risque de télécharger une application potentiellement infectée par des logiciels malveillants ou des logiciels espions. En revanche, les appareils iOS sont généralement considérés comme plus stables grâce au processus rigoureux d'approbation des applications d'Apple. Cependant, même les utilisateurs iOS ne sont pas à l'abri des menaces, les derniers incidents de logiciels malveillants ciblant les appareils iOS en raison de vulnérabilités du système.

L'un des rôles importants des logiciels antivirus pour appareils mobiles est de détecter et de bloquer les logiciels malveillants. Ces derniers peuvent être diffusés via de nombreux outils, notamment des applications malveillantes, des sites de phishing ou des téléchargements malveillants. Ces programmes visent souvent à voler des données personnelles, telles que des identifiants de connexion, des informations financières et des images sensibles. Certains types de logiciels malveillants, comme les rançongiciels, peuvent bloquer l'accès des utilisateurs à leurs appareils ou chiffrer leurs données, ce qui peut entraîner des frais importants, en échange d'un rétablissement de l'accès. Les logiciels antivirus analysent ces menaces en temps réel, offrant ainsi une protection contre les attaques qui pourraient autrement passer inaperçues.

De plus, de nombreuses applications antivirus mobiles offrent des fonctionnalités de protection contre les attaques de phishing. Le phishing est une technique courante par laquelle les cybercriminels utilisent de faux sites web ou applications pour tromper les utilisateurs et leur soutirer leurs informations personnelles, notamment leurs mots de passe, numéros de carte bancaire et identifiants de sécurité sociale. Les antivirus mobiles peuvent détecter les liens suspects, bloquer les sites web malveillants et alerter les utilisateurs lorsqu'ils s'apprêtent à accéder à un faux site, empêchant ainsi toute violation de données.

Une autre fonctionnalité essentielle des logiciels antivirus pour appareils mobiles est la protection des applications. Les smartphones étant régulièrement utilisés pour télécharger une grande variété d'applications, dont beaucoup demandent l'accès à des informations sensibles, il est essentiel de garantir la sécurité de ces applications. Certaines peuvent également contenir des logiciels malveillants cachés ou des chansons des utilisateurs sans leur consentement. Les logiciels antivirus peuvent analyser les applications lors de leur installation et les tester régulièrement pour s'assurer qu'elles ne contiennent pas de code malveillant. Dans certains cas, les antivirus déterminent également les autorisations des applications et alertent les utilisateurs si une application demande un accès inutile à des données telles que les contacts, la région ou le stockage, ce qui peut aggraver les problèmes de confidentialité.

Les logiciels antivirus mobiles jouent également un rôle crucial dans la protection de la vie privée des utilisateurs en ligne. De nombreux utilisateurs effectuent leurs transactions financières, notamment leurs opérations bancaires et leurs achats mobiles, via leurs appareils. Les cybercriminels ciblent souvent ces activités en injectant du code malveillant dans des sites web, en volant des informations de carte bancaire ou en interceptant des données personnelles. Un logiciel antivirus doté d'une fonction de navigation sécurisée garantit la protection des utilisateurs lorsqu'ils visitent des boutiques en ligne, des réseaux sociaux ou consultent leurs comptes bancaires. Cette fonctionnalité intègre souvent un VPN, qui permet de protéger le trafic web des utilisateurs en le chiffrant, empêchant ainsi l'interception des données personnelles, même lorsqu'elles transitent sur des réseaux Wi-Fi publics ou non sécurisés.

Les appareils mobiles, et plus particulièrement les smartphones, peuvent également être égarés ou volés. Il est donc crucial de protéger les données, même en cas de compromission physique. Certains logiciels antivirus intègrent des fonctions antivol, comme le verrouillage à distance, l'effacement des données et la localisation. En cas de perte ou de vol d'un appareil, l'utilisateur peut verrouiller son smartphone à distance pour empêcher tout accès non autorisé et, si nécessaire, effacer les données sensibles afin d'éviter qu'elles ne tombent entre de mauvaises mains. Ces fonctionnalités offrent une protection supplémentaire en cas de vol.

De plus, de nombreux antivirus pour appareils mobiles intègrent une fonction de suivi en temps réel, qui analyse en permanence les applications, les fichiers et autres données de l'appareil à la recherche de menaces potentielles. Cela garantit que les nouvelles menaces, qui n'auraient pas été détectées lors de l'installation initiale, sont détectées rapidement et traitées avant qu'elles ne causent des dommages. La protection en temps réel est particulièrement essentielle compte tenu de la fréquence à laquelle les utilisateurs téléchargent des applications et surfent sur Internet, exposant ainsi leurs appareils à un paysage de cybermenaces en constante évolution.

Malgré le rôle crucial des logiciels antivirus dans la sécurité des appareils mobiles, il est essentiel de noter qu'ils ne peuvent à eux seuls garantir une sécurité totale. Les utilisateurs doivent adopter une approche globale de protection mobile en combinant un logiciel antivirus à des pratiques de sécurité, notamment en évitant les liens suspects, en téléchargeant des applications uniquement depuis des sources fiables, comme les boutiques d'applications officielles, et en mettant régulièrement leurs appareils à jour avec les derniers correctifs de sécurité. Il est également conseillé de désactiver les fonctionnalités potentiellement exploitables par des pirates, comme le Bluetooth et le Wi-Fi, lorsqu'ils ne sont pas utilisés, et d'utiliser des mots de passe forts ou une authentification biométrique pour protéger l'accès aux appareils.

Les logiciels antivirus pour appareils mobiles sont essentiels à la protection des données personnelles et à la sécurité des smartphones et tablettes dans un environnement numérique de plus en plus dangereux. Face à la multiplication des menaces de pointe ciblant les appareils mobiles, il est essentiel que les utilisateurs équipent leurs appareils de solutions antivirus fiables offrant une sécurité en temps réel, anticipant les logiciels malveillants, bloquant les tentatives de phishing et protégeant la confidentialité. Ainsi, les utilisateurs peuvent réduire les risques liés aux cybermenaces et bénéficier d'une expérience mobile plus sûre et plus stable. Cependant, il est essentiel de garder à l'esprit que la protection mobile doit toujours être abordée selon une approche multicouche, combinant des outils antivirus, un comportement utilisateur prudent et des pratiques rigoureuses de sécurité des appareils.

5.4. Sécurité des services bancaires mobiles

Les services bancaires mobiles ont révolutionné la gestion de budget, permettant aux clients de consulter leurs soldes, de modifier leur budget, d'effectuer leurs paiements et même de suivre leurs prêts, le tout depuis le creux de leur main. Avec l'accès aux services bancaires en déplacement, il n'est pas étonnant que les services bancaires mobiles soient devenus un élément essentiel de la vie moderne. Cependant, ce confort s'accompagne également de nombreux défis en matière de sécurité, car les applications bancaires mobiles sont régulièrement la cible de cybercriminels cherchant à exploiter leurs vulnérabilités. La protection des services bancaires mobiles nécessite une approche globale de sécurité, car les risques de fraude et de vol de données ne cessent d'augmenter.

La première et la plus fondamentale ligne de protection pour la sécurité des services bancaires mobiles est l'appareil lui-même. Il est crucial de sécuriser votre smartphone ou votre tablette, car un appareil non sécurisé est une porte ouverte aux cybercriminels. Un appareil non protégé par un mot de passe, un code PIN ou une authentification biométrique (comme la reconnaissance d'empreintes digitales ou la reconnaissance faciale) est une cible facile pour les accès non autorisés. Les cybercriminels peuvent accéder à votre application bancaire si celle-ci est déverrouillée, mettant ainsi en danger vos informations financières et vos données personnelles. Définir un mot de passe fort ou activer l'authentification multi-objets (MFA) est une étape essentielle pour sécuriser votre appareil avant même d'accéder à l'application bancaire mobile.

Il est également essentiel de maintenir à jour votre appareil mobile (iOS ou Android) et votre application bancaire. Les mises à jour régulières des appareils mobiles incluent des correctifs de sécurité qui corrigent les vulnérabilités découvertes par les développeurs ou les experts en sécurité. Sans mises à jour régulières, votre appareil peut être exposé à des menaces telles que des logiciels malveillants ou des exploits susceptibles de compromettre vos données bancaires. De même, la mise à jour de votre application bancaire mobile garantit l'installation des mises à jour de sécurité et des correctifs anti-chevaux de Troie fournis par la banque, minimisant ainsi les risques liés aux versions précédentes. De nombreuses applications bancaires mobiles incluent des fonctionnalités de mise à jour automatique, ce qui permet aux utilisateurs de maintenir plus facilement la version actuelle sans intervention manuelle.

L'un des plus grands dangers des services bancaires mobiles réside dans l'utilisation de réseaux Wi-Fi non sécurisés. Les points d'accès Wi-Fi publics, comme ceux des cafés, des aéroports ou des hôtels, sont des cibles privilégiées pour les pirates informatiques qui peuvent intercepter les données transmises sur ces réseaux. Comme de nombreux utilisateurs se connectent à leurs applications bancaires mobiles en même temps que sur un Wi-Fi public, ils révèlent sans le savoir leurs identifiants et leurs données financières aux cybercriminels grâce à des attaques de type « homme du milieu » (MitM). Lors d'une attaque MitM, l'attaquant intercepte la communication entre l'appareil de l'utilisateur et le serveur bancaire, lui permettant ainsi de voler des informations sensibles. Pour éviter cela, il est conseillé d'éviter d'accéder aux services bancaires mobiles via les réseaux Wi-Fi publics. Si vous devez absolument utiliser un Wi-Fi public, envisagez l'utilisation d'un réseau privé virtuel (VPN), qui chiffre votre connexion Internet et renforce la sécurité.

L'utilisation de l'authentification à deux facteurs (2FA) est un autre aspect essentiel de la sécurité des services bancaires mobiles. La 2FA offre un niveau de sécurité supplémentaire en exigeant des clients qu'ils confirment leur identité via deux éléments: un élément connu (comme un mot de passe) et un élément dont ils disposent (comme un code envoyé par SMS ou une application d'authentification). De nombreuses banques proposent désormais la 2FA pour leurs applications bancaires mobiles, obligeant les clients à saisir un mot de passe à usage unique (OTP) ou à valider une tentative de connexion sur leur appareil mobile, en plus de leurs identifiants habituels. Cette étape supplémentaire garantit que même si un pirate parvient à obtenir votre mot de passe, il ne pourra toujours pas accéder à votre compte sans ce deuxième élément.

Les attaques de phishing constituent également une menace courante pour les clients des services bancaires mobiles. Les cybercriminels utilisent des techniques de phishing pour tromper les clients et les inciter à saisir leurs identifiants bancaires sur de faux sites web ou dans des applications malveillantes. Les tentatives de phishing peuvent également prendre la forme de SMS, d'e-mails ou de messages sur les réseaux sociaux semblant provenir d'institutions financières légitimes, incitant les clients à se connecter ou à confirmer leurs informations de compte. Ces fausses communications contiennent souvent des liens vers des sites web frauduleux qui ressemblent à ceux de la banque légitime. Lorsque les clients saisissent leurs identifiants de connexion, les attaquants peuvent les récupérer et les utiliser pour accéder à leurs comptes. Il est essentiel de faire preuve de prudence lorsque vous cliquez sur des liens provenant de sources inconnues ou lorsque vous recevez des communications non sollicitées demandant des informations personnelles ou bancaires. Vérifiez toujours l'authenticité de la source avant toute action.

De plus, il est essentiel de ne télécharger les applications bancaires mobiles que depuis des plateformes fiables, notamment des boutiques d'applications légitimes comme Google Play ou l'App Store d'Apple. Évitez de télécharger des applications provenant de plateformes tierces, car elles peuvent être compromises ou malveillantes. Si une application bancaire n'est pas disponible sur une boutique d'applications officielle, c'est un signal d'alarme. Installer des applications provenant de sources non fiables expose les utilisateurs au risque de télécharger des logiciels malveillants ou de fausses applications conçues pour voler leurs identifiants de connexion. Lorsque vous téléchargez une application bancaire, assurez-vous également qu'elle provient d'une banque légitime et non d'une contrefaçon créée par des cybercriminels.

La sécurité bancaire mobile s'étend également à la surveillance de vos comptes pour détecter toute activité inhabituelle. De nombreuses applications bancaires mobiles envoient des notifications en temps réel des transactions, permettant ainsi aux utilisateurs d'être informés de toute activité non autorisée. En cas de transaction frauduleuse, des mesures immédiates peuvent être prises pour alerter l'institution financière et prévenir tout dommage supplémentaire. De plus, de nombreuses applications permettent aux utilisateurs de geler ou de verrouiller leurs factures, ce qui complique l'accès aux fonds ou les transactions d'un pirate. Il est essentiel de consulter régulièrement vos relevés de compte et de détecter toute anomalie.

Les applications bancaires mobiles utilisent généralement des protocoles de chiffrement pour sécuriser la transmission de données sensibles. Le chiffrement garantit que les données échangées entre votre appareil et le serveur de la banque sont illisibles pour quiconque pourrait les intercepter. Privilégiez les applications bancaires utilisant des protocoles de chiffrement robustes, comme TLS (Transport Layer Security), une technologie de sécurité courante utilisée pour établir une liaison chiffrée entre votre appareil et les serveurs de la banque. Cela garantit que même en cas d'interception, les données restent sécurisées.

En cas de perte ou de vol de votre appareil mobile, il est essentiel d'agir immédiatement pour protéger vos données bancaires. De nombreux appareils mobiles offrent des fonctions d'effacement ou de verrouillage à distance, permettant d'effacer ou de verrouiller leur appareil à distance. Si votre appareil est équipé de cette option, il peut empêcher les pirates d'accéder à votre application bancaire et à vos données sensibles. De plus, de nombreuses banques proposent un service client dédié pour signaler les appareils perdus ou volés, ce qui peut également permettre de geler ou de désactiver temporairement votre compte jusqu'à ce que vous en repreniez le contrôle.

Enfin, les clients doivent également faire preuve de prudence lorsqu'ils utilisent des applications bancaires mobiles pour des transactions plus sensibles, comme le transfert de sommes importantes ou le paiement de factures. Il est toujours judicieux de vérifier les informations avant de confirmer une transaction. Assurez-vous que les informations du destinataire sont correctes et, si nécessaire, utilisez des méthodes de vérification en plusieurs étapes pour garantir la validité de la transaction.

La protection des services bancaires mobiles nécessite une approche multicouche pour garantir la protection des données économiques sensibles contre un large éventail de menaces. En appliquant des techniques d'authentification robustes, en évitant les réseaux non sécurisés, en mettant régulièrement à jour les applications et les systèmes d'exploitation, et en étant vigilant face au phishing et aux différentes attaques d'ingénierie sociale, les clients peuvent réduire considérablement leurs risques d' être victimes de cybercriminalité. Face à la dépendance croissante aux services bancaires mobiles, la compréhension et l'application de ces mesures de sécurité resteront essentielles pour protéger les données personnelles et financières dans un monde de plus en plus numérique.

CHAPITRE 6

Cybersécurité au travail

6.1. Politiques de cybersécurité sur le lieu de travail

À l'ère du numérique, où presque tous les aspects du travail dépendent de l'époque, la cybersécurité au travail est devenue un élément essentiel de la protection non seulement des données sensibles de l'entreprise, mais aussi des données personnelles des employés et des clients. Face à l'évolution constante des cybermenaces, une politique de cybersécurité complète et bien structurée est essentielle pour maintenir un environnement opérationnel sécurisé. Une politique de cybersécurité au travail décrit les règles et pratiques de protection des actifs numériques, des infrastructures réseau et des données sensibles contre les cybermenaces, telles que le piratage, les logiciels malveillants, les attaques de phishing et les violations de données.

L'importance d'une politique de cybersécurité robuste sur le lieu de travail ne saurait être surestimée. Sans une telle politique, les entreprises sont plus vulnérables aux cyberattaques, qui peuvent entraîner des pertes économiques, une atteinte à la réputation et des conséquences juridiques. Une politique bien conçue définit clairement les attentes des employés quant à leurs rôles et obligations en matière de protection des données de l'entreprise, favorisant ainsi une culture de protection proactive sur le lieu de travail.

L'une des premières étapes de la mise en place d'une politique de cybersécurité pour un centre administratif consiste à définir son périmètre. Cela implique d'identifier les types de données, de systèmes et de biens à protéger. La politique doit couvrir non seulement l'infrastructure virtuelle, comme les ordinateurs, les réseaux et les serveurs, mais aussi les biens matériels comme les imprimantes, les appareils mobiles et les équipements de stockage, qui peuvent également contenir des données sensibles. De plus, la politique doit préciser les types de données considérées comme sensibles ou privées, comme la propriété intellectuelle, les dossiers des employés et les statistiques financières.

Le contrôle d'accès est un aspect essentiel de la politique de cybersécurité en milieu de travail. Garantir l'accès à certains systèmes et documents uniquement au personnel autorisé est essentiel à la protection des actifs numériques de l'entreprise. La politique doit définir précisément le système d'octroi, de gestion et de révocation de l'accès aux informations sensibles. Les mécanismes de contrôle d'accès peuvent également inclure l'accès basé sur le poste, permettant aux employés d'accéder uniquement aux informations essentielles à leurs fonctions, et l'authentification multi-facteurs (MFA), qui exige que les employés s'authentifient à l'aide de plusieurs méthodes, notamment un mot de passe et une empreinte digitale. La politique doit également imposer l'utilisation de mots de passe forts et spécifiques, ainsi que des modifications régulières des mots de passe, afin de renforcer la sécurité.

Le chiffrement des données est un autre élément essentiel de la cybersécurité au travail. La politique doit exiger le chiffrement des données sensibles, en transit comme au repos. Les données en transit désignent les données transmises sur les réseaux, comme les e-mails ou les documents téléchargés dans le cloud, tandis que les données au repos désignent les données stockées sur des serveurs, des bases de données ou les appareils des employés. Le chiffrement transforme ces données en code illisible, rendant difficile l'accès ou le piratage de données précieuses par des personnes non autorisées.

La politique de cybersécurité des entreprises doit également prendre en compte l'utilisation d'appareils personnels, communément appelée politique BYOD (Bring Your Own Device). De nombreux employés utilisent désormais leurs smartphones, ordinateurs portables et tablettes personnels pour travailler, ce qui augmente le risque de failles de sécurité si ces appareils ne sont pas correctement gérés. La politique doit définir des recommandations concernant l'utilisation des appareils personnels, ainsi que des mesures de sécurité telles que l'installation obligatoire d'un logiciel antivirus et la garantie que les employés utilisent un réseau sécurisé pour accéder aux structures de l'entreprise. Il est également essentiel de définir des politiques concernant le type de données accessibles ou enregistrées sur des appareils personnels afin de limiter le risque de fuite de données.

Outre l'accès aux contrôles et au chiffrement, la politique doit inclure des directives claires sur la manière dont le personnel doit traiter et partager les informations sensibles. Cela peut inclure des pratiques de qualité pour l'utilisation de stratégies de partage de données sécurisées et l'évitement de l'envoi d'informations sensibles via des canaux non sécurisés comme les e-mails. Les employés doivent être formés à comprendre et à prévenir les attaques d'ingénierie sociale, notamment les e-mails d'hameçonnage, qui sont des techniques courantes utilisées par les cybercriminels pour favoriser l'accès non autorisé aux systèmes et aux données. Une formation régulière du personnel en cybersécurité est un élément clé de la politique et les aidera à comprendre les risques et les bonnes pratiques pour protéger les données de l'entreprise.

Un autre élément essentiel de la politique de cybersécurité d'un lieu de travail est la réponse aux incidents. La politique doit définir une méthode claire et environnementale de signalement et de réponse aux incidents de cybersécurité, notamment les violations de données, les infections par des logiciels malveillants ou les accès non autorisés aux structures. Les employés doivent savoir à qui s'adresser et quelles mesures prendre en cas d'incident de cybersécurité. La politique doit également fournir des conseils sur la manière dont l'entreprise examinera l'incident, en atténuera les conséquences et empêchera que des incidents similaires ne se reproduisent à l'avenir. Un plan de réponse aux incidents bien préparé peut réduire les dommages causés par une attaque et garantir une reprise rapide de l'activité.

La mise à jour régulière des appareils et la gestion des correctifs sont également des éléments clés de la politique de cybersécurité d'un lieu de travail. Maintenir les logiciels et les systèmes à jour est essentiel pour empêcher les cybercriminels d'exploiter les vulnérabilités identifiées. La politique doit exiger que tous les employés et le personnel informatique installent les mises à jour de sécurité dès leur publication. Cela s'applique non seulement aux systèmes d'exploitation et aux logiciels d'entreprise, mais aussi aux équipements réseau, tels que les routeurs et les pare-feu, qui peuvent également être ciblés par les cybercriminels.

De plus, la politique doit prendre en compte la sauvegarde des données et les stratégies de récupération après sinistre. En cas de cyberattaque, notamment de rançongiciel (ransomware) qui prive les entreprises de l'accès à leurs données, des sauvegardes régulières garantissent la restauration des données cruciales sans paiement de rançon. Les employés doivent être conscients de l'importance des sauvegardes de données, et l'entreprise doit mettre en place des solutions de sauvegarde automatique pour garantir la disponibilité des copies des données critiques.

La sécurité physique est un autre aspect à prendre en compte dans la politique de cybersécurité de l'entreprise. Si la cybersécurité se concentre principalement sur les menaces numériques, l'accès physique aux ordinateurs, serveurs et autres systèmes sensibles est tout aussi crucial. La politique doit établir des règles pour sécuriser les appareils lorsque les employés ne les utilisent pas, notamment en verrouillant les ordinateurs et les appareils mobiles ou en utilisant des jetons de sécurité physiques pour contrôler l'accès. De plus, les employés doivent être informés de la nécessité de ranger les fichiers et appareils sensibles dans des tiroirs ou des pièces verrouillés afin d'empêcher tout accès non autorisé.

Des audits et des examens réguliers doivent également faire partie de la couverture. L'organisation doit réaliser des audits de sécurité et des examens de vulnérabilité périodiques afin d'identifier les faiblesses potentielles de sa stratégie de cybersécurité. Ces évaluations permettront de garantir le respect de la politique et l'efficacité des contrôles de protection. Toute lacune ou faiblesse identifiée doit être corrigée rapidement, et la politique doit être mise à jour afin de refléter les nouveaux défis ou technologies de sécurité.

Une politique de cybersécurité solide sur le lieu de travail est essentielle pour protéger les actifs de l'entreprise et les données personnelles de ses employés. En définissant des contrôles d'accès clairs, en mettant en œuvre le chiffrement, en formant le personnel aux bonnes pratiques de cybersécurité et en se préparant aux incidents potentiels, les entreprises peuvent atténuer les risques de cybermenaces et sécuriser leurs opérations. Dans un contexte numérique en constante évolution, il est essentiel de revoir et de mettre à jour régulièrement la politique afin d'anticiper les menaces croissantes et d'assurer la sécurité continue du centre administratif.

6.2. Stratégies de protection et de sauvegarde des données

La protection des données est l'un des aspects les plus essentiels de la cybersécurité, notamment dans un environnement de travail où les données sensibles doivent être protégées contre les menaces informatiques. Face à la dépendance croissante des entreprises aux systèmes et données virtuels, il devient crucial de mettre en œuvre des stratégies efficaces de sécurité et de sauvegarde des données afin de garantir la continuité des activités, la conformité réglementaire et l'intégrité des actifs critiques de l'entreprise. Face à la multiplication des cybermenaces, telles que les rançongiciels, les violations de données et les pannes naturelles, disposer d'une stratégie complète de protection et de sauvegarde des données est essentiel pour minimiser les risques et garantir une reprise rapide après un incident.

La sécurité des données implique de protéger les données numériques contre la corruption, la compromission ou la perte. Elle constitue un élément essentiel de la stratégie de cybersécurité d'une organisation, car elle garantit que les informations précieuses – telles que les statistiques économiques, les données clients, la propriété intellectuelle et les données des employés – restent sécurisées et accessibles uniquement aux personnes morales. La protection des données va au-delà du simple chiffrement des données ou de la restriction de leur accès; elle englobe des politiques, des approches et des technologies conçues pour préserver la confidentialité, l'intégrité et la disponibilité des données tout au long de leur cycle de vie.

Pour garantir une protection efficace des données, les entreprises doivent adopter une approche multicouche. Celle-ci comprend un stockage sécurisé, le chiffrement des données, des contrôles d'accès et des systèmes de suivi pour détecter les activités non autorisées. De plus, les entreprises doivent se conformer à diverses exigences légales et réglementaires liées à la sécurité des données, notamment le Règlement général sur la protection des données (RGPD) dans l'Union européenne ou la loi HIPAA (Health Insurance Portability and Accountability Act) aux États-Unis. Le non-respect de ces politiques peut entraîner de lourdes amendes et porter atteinte à la réputation de l'employeur.

Une méthode de sauvegarde des données est essentielle à la sécurité des données. Elle consiste à créer des copies des données essentielles et à les stocker dans un endroit sécurisé, garantissant ainsi leur restauration en cas de panne matérielle, de cyberattaque ou de perte accidentelle. Des techniques efficaces de sauvegarde des données offrent aux entreprises la tranquillité d'esprit, sachant que leurs informations sont protégées contre les imprévus.

Lors de la conception d'une méthode de sauvegarde des données, plusieurs points clés sont à prendre en compte. En premier lieu, les entreprises doivent sélectionner les données les plus importantes pour leurs opérations et veiller à leur sauvegarde régulière. Cela inclut non seulement les documents internes, mais aussi les données clients, les données transactionnelles et les configurations d'appareils, essentielles à leurs opérations quotidiennes. En établissant des systèmes de classification des données, les entreprises peuvent hiérarchiser leurs efforts de sauvegarde en fonction du coût des données et de l'impact potentiel de leur perte.

Un autre point crucial de la stratégie de sauvegarde est la fréquence et le type de sauvegardes. La fréquence des sauvegardes dépend de la fréquence des modifications de données et du type d'informations qu'une entreprise est susceptible de perdre en cas de sinistre. Par exemple, les données transactionnelles importantes, telles que les commandes clients ou les transactions financières, peuvent nécessiter une sauvegarde deux fois par jour, tandis que les données moins importantes peuvent nécessiter des sauvegardes quotidiennes ou hebdomadaires. De plus, les entreprises doivent mettre en place des types de sauvegardes spécifiques, notamment des sauvegardes complètes, incrémentielles et différentielles. Les sauvegardes complètes consistent à copier tous les fichiers, tandis que les sauvegardes incrémentielles et différentielles reproduisent au mieux les modifications apportées à la sauvegarde finale, ce qui permet de gagner du temps et de l'espace de stockage.

Un autre point à prendre en compte est l'emplacement de stockage des sauvegardes. Il est essentiel d'utiliser un stockage en ligne sur site et hors site pour assurer la redondance. Les sauvegardes sur site consistent à stocker des copies de données sur des périphériques physiques situés au sein de l'entreprise, tels que des disques durs externes, des NAS (stockage en réseau) ou des serveurs de sauvegarde dédiés. Ces sauvegardes sont facilement accessibles, mais elles sont exposées aux mêmes menaces physiques, comme les incendies, les vols ou les inondations, qui peuvent affecter le stockage de données principal. Les sauvegardes hors site, quant à elles, impliquent le stockage de copies de données dans un emplacement spécifique, souvent via des services cloud. Les sauvegardes cloud sont avantageuses car elles offrent évolutivité, planification automatique des sauvegardes et accessibilité à distance. En plus de réduire le risque de menaces physiques, les sauvegardes cloud permettent aux entreprises de se remettre rapidement d'une catastrophe sans recourir à du matériel coûteux.

Il est important que les données de sauvegarde soient chiffrées afin de garantir leur stabilité, tant pendant la transmission que pendant le stockage. Sans chiffrement, les données de sauvegarde sont susceptibles d'être accessibles sans autorisation, ce qui peut entraîner la divulgation ou le vol de données sensibles. Les organisations doivent mettre en œuvre des techniques de chiffrement robustes, notamment la norme AES (Advanced Encryption Standard), pour protéger les données de sauvegarde des cybercriminels et garantir le respect des réglementations en matière de protection des données. Ce chiffrement doit s'étendre aux sauvegardes sur site et aux sauvegardes obsolètes afin de limiter le risque de violation de données.

De plus, les organisations doivent s'assurer que leurs systèmes de sauvegarde sont bien sécurisés contre tout accès non autorisé. Les données de sauvegarde doivent être stockées dans des emplacements sécurisés et protégés par mot de passe, et l'accès au système de sauvegarde doit être réservé aux seuls employés autorisés. La mise en œuvre de l'authentification multifacteur (MFA) pour les systèmes de sauvegarde peut offrir un niveau de protection supplémentaire en exigeant des utilisateurs qu'ils s'authentifient par plusieurs méthodes, notamment un mot de passe et une empreinte digitale.

Une approche complète de sécurité des données est incomplète sans un plan de reprise après sinistre (DR) et de continuité des activités. Ces plans garantissent qu'en cas de perte de données (cyberattaque, catastrophe naturelle ou panne informatique), une entreprise puisse récupérer ses données critiques et reprendre ses activités au plus vite. Le plan de DR doit définir les processus de restauration des données à partir des sauvegardes, identifier les sauvegardes à restaurer en priorité et déterminer l'ordre de remise en ligne des infrastructures et des services.

Outre un plan de restauration des données, les organisations doivent tester quotidiennement leurs stratégies de reprise après sinistre. Cela leur permet d'exécuter leur plan de restauration en situation réelle sans rencontrer de problèmes imprévus. Des tests réguliers permettent également d'identifier les failles dans la stratégie de sauvegarde, notamment les pertes de données dues à des sauvegardes antérieures ou à l'absence de structures nécessitant une restauration.

Un autre aspect de la continuité d'activité est la formation des employés. Ils doivent être informés de l'importance de la protection des documents et de la méthode de sauvegarde de l'entreprise. Ils doivent également comprendre leurs rôles et responsabilités en cas de sinistre. Disposer d'employés bien préparés à réagir aux incidents peut réduire le temps de reprise et éviter de nouveaux dommages à l'infrastructure de l'entreprise.

Les organisations doivent s'assurer que leurs techniques de sécurité et de sauvegarde des informations respectent les directives applicables, les exigences du secteur et les bonnes pratiques. De nombreuses réglementations, comme le RGPD ou la loi Sarbanes-Oxley, exigent des organisations qu'elles conservent des informations correctes dans leurs pratiques de sécurité des données et mettent en œuvre des mesures de protection pour les informations qu'elles manipulent. La documentation de la stratégie de sauvegarde, incluant les calendriers de sauvegarde, les stratégies de chiffrement et les emplacements de stockage, est essentielle pour les fonctions de conformité et peut servir de preuve de diligence raisonnable en cas d'audit.

La documentation est également essentielle pour les fonctions internes. En adoptant une stratégie de sauvegarde parfaitement définie, les entreprises peuvent garantir que leurs équipes informatiques appliquent des méthodes cohérentes, ce qui facilite la gestion des sauvegardes et la restauration des données si nécessaire. De plus, la conservation des données relatives aux vérifications de sauvegarde et aux exercices de reprise après sinistre permet aux entreprises d'optimiser leur préparation et d'améliorer leurs processus au fil des ans.

Une méthode de protection et de sauvegarde des données bien conçue est essentielle pour protéger les documents commerciaux essentiels contre les menaces informatiques. En identifiant les informations clés, en effectuant des sauvegardes régulières, en sécurisant les données par chiffrement et en se préparant à la reprise après sinistre, les entreprises peuvent minimiser les risques liés aux cybermenaces et aux activités imprévues. Une stratégie robuste de sécurité des données garantit non seulement la continuité de l'activité, mais protège également l'entreprise des pertes financières, des atteintes à sa réputation et des conséquences juridiques. Face à la multiplication des cybermenaces, les entreprises doivent rester vigilantes et évaluer en permanence leurs pratiques de protection des données afin d'anticiper l'augmentation des risques.

6.3. Formation et sensibilisation des employés

La formation et l'attention des employés sont les pierres angulaires d'une approche efficace en matière de cybersécurité. Même les structures de sécurité les plus performantes peuvent être compromises si le personnel manque d'expertise ou de vigilance pour se conformer aux bonnes pratiques et identifier les menaces potentielles. Dans un monde de plus en plus numérique et interconnecté, les organisations doivent privilégier une formation complète en cybersécurité afin de protéger leurs informations, systèmes et réseaux sensibles. En dotant leurs employés des outils et des compétences nécessaires, les entreprises peuvent réduire considérablement le risque de violations de données, d'infections par logiciels malveillants et d'autres incidents de sécurité pouvant survenir du fait d'erreurs ou de négligences humaines.

Les employés sont souvent considérés comme la première ligne de défense en matière de cybersécurité. Ils interagissent quotidiennement avec les structures et les réseaux de l'entreprise, utilisent leur messagerie électronique, naviguent sur Internet et accèdent à des données sensibles. Malheureusement, ils constituent également le vecteur d'attaque le plus courant pour les cybercriminels. De nombreuses cyberattaques exploitent les vulnérabilités humaines, notamment le manque de connaissances en matière d'hameçonnage, de mots de passe faibles ou de comportements de navigation dangereux. C'est pourquoi la formation et les programmes de sensibilisation des employés sont essentiels au maintien d'une sécurité renforcée.

Le personnel d'une agence peut introduire involontairement des vulnérabilités s'il ne parvient pas à identifier les menaces informatiques ou s'il néglige les pratiques de sécurité de haute qualité. Par exemple, il peut cliquer sur des e-mails d'hameçonnage, télécharger des pièces jointes malveillantes ou utiliser des mots de passe faibles, autant de comportements susceptibles de donner accès non autorisé aux structures de l'entreprise. Ainsi, un personnel formé et vigilant peut atténuer ces risques et réduire la surface d'attaque globale.

Un programme de formation pour les employés doit couvrir un large éventail de sujets pertinents aux risques spécifiques de cybersécurité auxquels l'entreprise est confrontée. Une approche unique ne sera probablement pas efficace; les programmes de formation doivent donc être adaptés aux besoins des différents services et rôles de l'entreprise. Par exemple, le personnel informatique peut avoir besoin d'une formation plus approfondie sur la sécurisation des réseaux et l'identification des menaces continues avancées, tandis que le personnel non technique doit se concentrer sur la détection des attaques d'ingénierie sociale et le respect des bonnes pratiques de sécurité.

Les logiciels de formation doivent être conçus autour d'objectifs clairs et mis à jour régulièrement pour refléter l'évolution constante des menaces. Les menaces de cybersécurité évoluent constamment; il est donc essentiel de doter le personnel des compétences et des outils modernes nécessaires pour anticiper les risques potentiels. Les formations doivent aborder des situations concrètes et concrètes auxquelles les employés sont susceptibles d'être confrontés, comme la détection des e-mails de phishing, la manipulation efficace des mots de passe et la gestion sécurisée des données sensibles.

Il existe de nombreux sujets clés que chaque travailleur, quel que soit son rôle, devrait connaître. Parmi ceux-ci, on peut citer:

1. Hameçonnage et ingénierie sociale: Les attaques d'hameçonnage, par lesquelles des cybercriminels se font passer pour des entités légitimes afin de voler des informations sensibles, sont l'une des méthodes d'attaque les plus courantes.

Former les employés à reconnaître les e-mails d'hameçonnage, les liens suspects et les techniques d'ingénierie sociale trompeuses peut réduire considérablement les chances de réussite d'une attaque.

2. Gestion des mots de passe: Les mots de passe faibles et leur réutilisation constituent de graves vulnérabilités dans de nombreuses entreprises. Il est important d'apprendre aux employés à créer des mots de passe forts et uniques pour chaque compte et à utiliser des gestionnaires de mots de passe pour conserver et contrôler efficacement leurs identifiants.

3. Navigation Internet sécurisée: Les employés doivent être sensibilisés aux risques liés aux pratiques de navigation risquées, notamment la consultation de sites web non sécurisés ou le téléchargement de logiciels non fiables. La formation doit insister sur l'importance d'utiliser des sites web sécurisés et cryptés (indiqués par « HTTPS ») et d'éviter le téléchargement de fichiers provenant de sources inconnues.

4. Traitement des données sensibles: Les employés doivent comprendre l'importance de la protection des données sensibles, notamment les données personnelles identifiables (PII), les données financières et les actifs intellectuels. La formation doit inclure des stratégies appropriées de traitement des données, notamment la transmission sécurisée des informations et la garantie que les données sensibles ne soient pas divulguées sur des appareils ou des bureaux partagés.

5. Sécurité des appareils mobiles: Avec l'essor du télétravail et l'utilisation croissante des appareils mobiles sur le lieu de travail, les employés doivent être sensibilisés aux risques liés à l'utilisation des smartphones, tablettes et ordinateurs portables. Il est notamment essentiel de s'assurer que les appareils sont chiffrés, protégés par des mots de passe forts et d'utiliser des réseaux sécurisés pour accéder aux ressources de l'entreprise à distance.

6. Signalement des incidents: Les employés doivent savoir comment signaler directement les incidents de sécurité potentiels, notamment les courriels suspects ou les comportements inhabituels sur les appareils. La formation doit comprendre des instructions claires sur la manière de signaler les problèmes à l'équipe informatique ou de sécurité, et sur l'importance de le faire rapidement.

7. Conformité et exigences légales: Selon l'entreprise, les employés peuvent également souhaiter être formés à certaines réglementations de conformité, notamment le Règlement général sur la protection des données (RGPD) ou la loi HIPAA (Health Insurance Portability and Accountability Act). La connaissance de ces exigences légales permet aux employés de prendre conscience de leur responsabilité en matière de protection des données personnelles et sensibles.

La formation des employés ne doit pas être un événement ponctuel, mais un processus continu. Des campagnes régulières de sensibilisation à la cybersécurité et des sessions de remise à niveau sont essentielles pour renforcer l'importance de la cybersécurité et maintenir les bonnes pratiques de sécurité au cœur des préoccupations. Ces campagnes peuvent prendre la forme de sessions de formation trimestrielles, de simulations d'attaques de phishing et de communications continues par e-mail, affiches ou newsletters.

Une méthode efficace consiste à simuler périodiquement des cyberattaques, ainsi que des tests d'hameçonnage, afin d'évaluer la capacité du personnel à identifier les menaces. Ces simulations fournissent des informations précieuses sur les domaines dans lesquels les employés pourraient avoir besoin d'une formation complémentaire et offrent la possibilité d'apprendre dans un environnement contrôlé.

Les organisations peuvent également recourir à la gamification et aux activités physiques interactives pour interagir avec les employés au sein du système d'apprentissage. Par exemple, des quiz de sensibilisation à la cybersécurité, des défis de sécurité ou des simulations interactives peuvent rendre l'apprentissage des pratiques de sécurité plus attrayant et plus efficace. L'objectif est d'intégrer la cybersécurité au quotidien de l'organisation afin que les employés soient constamment vigilants et attentifs.

Le leadership joue un rôle essentiel dans la promotion d'une culture axée sur la cybersécurité. Les cadres supérieurs et les responsables doivent montrer l'exemple en adoptant d'excellentes pratiques en matière de cybersécurité et en encourageant leurs équipes à faire de même. Lorsque les employés comprennent que la cybersécurité est une préoccupation pour la direction de l'entreprise, ils sont beaucoup plus enclins à prendre le problème au sérieux et à respecter les protocoles de sécurité associés.

De plus, la direction doit allouer des ressources suffisantes pour soutenir les actions de formation en cybersécurité. Cela comprend le financement de programmes, d'outils et de technologies de formation qui aident les employés à rester informés et à rester stables. Investir dans la formation des employés contribue non seulement à protéger l'organisation des cybermenaces, mais aussi à renforcer le moral et la motivation des employés, car ils se sentent habilités à prendre des décisions éclairées en matière de sécurité.

Pour garantir l'efficacité de la formation, les organismes doivent l'optimiser et en mesurer l'efficacité. Cela peut se faire en analysant des indicateurs tels que le taux de participation des employés, le nombre d'incidents signalés, la réussite des tests d'hameçonnage et les mises à niveau de la stratégie de sécurité générale. Les retours du personnel peuvent également fournir des informations précieuses sur l'efficacité du contenu de la formation et des techniques de diffusion.

Des tests réguliers, ainsi que des quiz ou des simulations d'attaques, peuvent être utilisés pour mesurer la rétention des connaissances et identifier les points nécessitant une attention particulière. En évaluant continuellement le programme de formation, les entreprises peuvent adapter et affiner leur stratégie afin d'anticiper les menaces émergentes et de maintenir un personnel équipé pour faire face aux situations exigeantes en matière de cybersécurité.

La formation et la reconnaissance des employés sont essentielles à toute stratégie efficace de cybersécurité. En sensibilisant les employés à l'appréhension des menaces, au respect des bonnes pratiques et à la gestion des incidents, les entreprises peuvent réduire considérablement le risque de violations de données, de cyberattaques et d'autres incidents de sécurité. Face à la complexité croissante des cybermenaces, il est essentiel pour les entreprises de promouvoir une approche de la cybersécurité qui dépasse le cadre des services informatiques et imprègne tous les aspects de l'entreprise. En investissant dans des programmes complets de formation et de sensibilisation, les entreprises peuvent constituer un effectif résilient, jouant un rôle actif dans la protection des actifs numériques de l'entreprise.

6.4. Sécurité du réseau de bureau

La protection des réseaux de bureau est essentielle pour préserver un environnement de travail sûr et écologique. Le réseau de bureau est essentiel à la plupart des entreprises, facilitant la communication, la collaboration et l'accès aux données essentielles. Cependant, un réseau mal sécurisé peut constituer une cible privilégiée pour les cybercriminels, entraînant des violations de données, des vols de biens personnels et d'autres incidents de sécurité critiques. Alors que les entreprises continuent de dépendre des infrastructures numériques, l'importance de sécuriser le réseau de bureau est cruciale.

Un réseau de travail stable garantit que tous les appareils, structures et données de l'entreprise sont protégés contre les menaces externes et internes. Le réseau fournit aux employés l'équipement nécessaire à leur travail tout en constituant un point d'accès potentiel pour les acteurs malveillants cherchant à exploiter les vulnérabilités. Par conséquent, maintenir une stratégie de sécurité réseau solide est essentiel pour protéger les données sensibles et assurer le bon fonctionnement de l'entreprise.

Au cœur de la sécurité du réseau se trouve l'ensemble des mesures prises pour protéger l'intégrité, la confidentialité et l'accessibilité du réseau de travail contre les accès non autorisés, les attaques et les abus. Le réseau comprend de nombreux composants, tels que les routeurs, les commutateurs, les pare-feu et les terminaux (ordinateurs, appareils mobiles, imprimantes, etc.), qui doivent tous être sécurisés pour éviter toute violation.

Sur le lieu de travail, les employés communiquent avec la communauté via divers appareils, qui peuvent constituer des points d'accès vulnérables s'ils ne sont pas correctement protégés. Sans dispositifs de sécurité réseau adéquats, les pirates informatiques peuvent exploiter les faiblesses de l'infrastructure réseau pour infiltrer le système, voler des informations sensibles, perturber les opérations commerciales ou propager des logiciels malveillants. Par conséquent, les entreprises doivent adopter une stratégie de protection multicouche pour se protéger contre la multitude de cybermenaces qui ciblent les réseaux professionnels.

Pour garantir un niveau élevé de protection du réseau au sein de l'entreprise, il est essentiel d'identifier plusieurs domaines clés. Ces domaines, traités de manière exhaustive, fonctionnent ensemble pour créer une défense robuste contre les menaces internes et externes:

1. Pare-feu: Les pare-feu agissent comme une barrière entre le réseau interne et le réseau externe, surveillant et contrôlant les flux entrants et sortants. En filtrant les tentatives d'accès non autorisées, ils empêchent les cybercriminels d'accéder au réseau. Les entreprises doivent installer des pare-feu matériels et logiciels pour garantir une sécurité renforcée. Des pare-feu correctement configurés peuvent bloquer les adresses IP malveillantes, restreindre les services inutiles et détecter les types de trafic inhabituels susceptibles de provoquer une attaque informatique.

2. Chiffrement: Le chiffrement est un outil puissant pour protéger les informations sensibles, car elles circulent sur le réseau. En convertissant les informations en code illisible, le chiffrement garantit que même interceptées par des attaquants,

les données restent inaccessibles et incompréhensibles. Le chiffrement des données sensibles, telles que les mots de passe, les données financières et les informations des employés, est essentiel pour préserver la confidentialité et prévenir les violations de données.

3. Segmentation du réseau: La segmentation du réseau consiste à diviser l'espace de travail en segments plus petits et isolés. Cette technique permet de contenir les menaces de capacité dans des zones spécifiques du réseau, empêchant ainsi les attaquants d'accéder à l'ensemble du système si un segment est compromis. Par exemple, les structures financières sensibles ou les bases de données RH peuvent être placées sur une zone réseau distincte, limitant ainsi l'exposition à d'autres zones moins stables. Cela permet de réduire l'impact global d'une violation et de renforcer le potentiel d'intégration des menaces.

4. Contrôle d'accès: Limiter l'accès au réseau est une mesure de protection essentielle. La mise en œuvre de règles d'accès strictes garantit que seul le personnel autorisé peut accéder aux données sensibles et aux structures importantes. Cela peut se faire grâce à une combinaison de stratégies d'authentification, telles que des mots de passe sécurisés, l'authentification multi-composants (MFA) et le contrôle d'accès basé sur le poste (RBAC). En attribuant des accès exclusifs aux employés en fonction de leurs rôles et responsabilités, les organisations peuvent réduire le risque d'accès non autorisé aux données sensibles.

5. Systèmes de détection et de prévention des intrusions (IDPS): Les systèmes de détection des intrusions (IDS) analysent le trafic réseau à la recherche d'activités suspectes, notamment de modèles statistiques inhabituels ou de tentatives d'accès non autorisées. Les systèmes de prévention des intrusions (IPS), quant à eux, vont plus loin en bloquant activement les activités malveillantes en temps réel. Ensemble, ces systèmes offrent une protection efficace contre les attaques telles que les attaques par déni de service (DoS), les infections par logiciels malveillants et l'exfiltration de données.

6. Réseaux privés virtuels (VPN): Les VPN jouent un rôle important dans la sécurisation de l'accès distant au réseau de l'entreprise. Les employés travaillant à distance ou en déplacement peuvent utiliser des VPN pour établir une connexion stable au réseau de l'entreprise. En chiffrant le trafic internet et en masquant l'adresse IP de l'utilisateur, les VPN protègent les données sensibles contre les écoutes et les interceptions. Les entreprises doivent s'assurer que leurs employés utilisent des VPN lorsqu'ils accèdent à distance au réseau de l'entreprise afin de garantir leur sécurité et leur confidentialité.

7. Mises à jour logicielles régulières et gestion des correctifs: L'une des méthodes les plus efficaces pour protéger le réseau de travail contre les vulnérabilités est de s'assurer que chaque logiciel, y compris les systèmes d'exploitation, les applications et les périphériques réseau, est régulièrement mis à

jour avec les nouveaux correctifs de sécurité. Les cybercriminels exploitent souvent les vulnérabilités connues des anciens logiciels pour obtenir un accès non autorisé. Une politique de gestion des correctifs robuste permet de garantir que tous les systèmes sont à jour et protégés contre les menaces connues.

8. Sécurité des terminaux: Dans les environnements de bureau actuels, le personnel utilise une grande variété d'appareils pour accéder au réseau, notamment des ordinateurs portables, des ordinateurs portables, des smartphones et des tablettes. Chacun de ces terminaux représente un point d'accès pour les cybercriminels. Il est donc essentiel de mettre en œuvre des solutions de sécurité des terminaux qui protègent les appareils contre les logiciels malveillants, les rançongiciels et autres types de cyberattaques. Les logiciels de protection des terminaux peuvent détecter et bloquer les activités malveillantes sur ces appareils, offrant ainsi un niveau de sécurité supplémentaire.

En plus des mesures techniques mentionnées ci-dessus, il existe de nombreuses bonnes pratiques que les entreprises devraient observer pour garantir la sécurité continue de la communauté:

1. Surveiller le trafic réseau: La surveillance continue du trafic réseau est essentielle pour identifier les menaces et les anomalies de capacité. En analysant les journaux réseau et les schémas de trafic, les équipes de sécurité peuvent détecter les

premiers signes de cyberattaques, notamment les tentatives de connexion inhabituelles, les transferts de données ou les connexions non autorisées d'appareils au réseau. Un suivi régulier permet aux entreprises d'anticiper les attaques avant qu'elles ne se propagent.

2. Formation des utilisateurs: Les employés jouent un rôle essentiel dans la sécurité de la communauté. Même avec des mesures techniques avancées, des erreurs humaines peuvent toujours entraîner des failles de sécurité. Une formation régulière en cybersécurité peut aider les employés à identifier les menaces, notamment les courriels d'hameçonnage, les procédures d'ingénierie sociale et les habitudes de navigation dangereuses. Un personnel bien informé est moins susceptible de commettre des erreurs susceptibles de compromettre la sécurité de la communauté.

3. Planification de la réponse aux incidents: Malgré les efforts déployés pour sécuriser le réseau, une cyberattaque est toujours possible. C'est pourquoi il est essentiel pour les entreprises de disposer d'un plan de réaction aux incidents. Ce plan doit définir les mesures à prendre en cas de faille de sécurité, notamment la manière de contenir l'attaque, d'avertir les personnes concernées et de rétablir les opérations courantes. Des exercices et des activités sportives réguliers permettent de garantir l'efficacité du plan de réaction et de permettre aux employés de savoir comment réagir en cas d'incident de sécurité.

4. Sauvegarde et récupération: Les réseaux d'entreprise doivent être régulièrement financés afin de garantir la sécurité des données importantes en cas de cyberattaque ou de panne d'appareil. Ces sauvegardes doivent être conservées en toute sécurité et facilement accessibles en cas d'urgence. Une méthode de sauvegarde et de récupération fiable peut aider l'entreprise à se remettre rapidement d'une attaque par rançongiciel, d'une panne d'appareil ou d'une violation de données.

La sécurisation des environnements de travail est l'un des aspects les plus essentiels de la cybersécurité dans le monde interconnecté d'aujourd'hui. Face à l' importance croissante du réseau pour les tâches quotidiennes des employés, les entreprises doivent mettre en œuvre une approche globale incluant des défenses techniques robustes, une formation continue des employés et des stratégies claires de réponse aux menaces. En adoptant une approche proactive de protection du réseau, les entreprises peuvent protéger leurs infrastructures critiques, leurs données sensibles et leurs actifs intellectuels des cybercriminels. Face à l' évolution constante du paysage numérique, les entreprises doivent rester vigilantes et évaluer et améliorer constamment leurs mesures de sécurité réseau pour anticiper les menaces croissantes.

CHAPITRE 7

Détection et réponse aux cyberattaques

7.1. Reconnaître les cyberattaques

Les cyberattaques sont devenues de plus en plus sophistiquées, ciblant aussi bien les individus que les groupes et les gouvernements. La première étape pour se protéger contre ces attaques consiste à les identifier dès leur apparition. Une détection précoce est essentielle pour réagir rapidement et minimiser, voire stopper, les dégâts. Les cybercriminels opèrent souvent de manière furtive, utilisant diverses techniques pour infiltrer les systèmes et voler des données. Identifier les cyberattaques à temps peut faire la différence entre contenir une brèche ou subir des dégâts importants.

contrer efficacement les cyberattaques, il est essentiel d'adopter une approche globale de cybersécurité. Il ne s'agit pas seulement d'identifier les activités malveillantes, mais aussi de distinguer le comportement normal des appareils des anomalies qui pourraient signaler une attaque. La détection joue un rôle essentiel dans la stratégie de sécurité générale, permettant à un employeur d'identifier les menaces avant qu'elles ne se renforcent.

L'un des symptômes les plus courants d'une cyberattaque est un trafic réseau inhabituel. Une augmentation soudaine du trafic, principalement en dehors des heures de bureau ou sans raison valable, peut indiquer qu'un attaquant tente d'exfiltrer des données ou de lancer une attaque par déni de service (DoS). À l'inverse, une baisse soudaine du trafic peut également indiquer qu'un logiciel malveillant a infiltré l'appareil et ralentit ses opérations ou manipule les données. Une surveillance régulière des pics ou des baisses de trafic exceptionnels peut aider à identifier rapidement les menaces potentielles.

Les tentatives de connexion suspectes constituent un autre indicateur important d'une cyberattaque. Les cybercriminels commencent souvent par tenter d'accéder sans autorisation à un appareil. Cela se manifeste par des anomalies telles que plusieurs tentatives de connexion infructueuses, des connexions provenant d'endroits inattendus ou à des heures indues. Ces activités constituent généralement les premières étapes d'une intrusion dans un appareil, les attaques par force brute étant une méthode courante pour déchiffrer les mots de passe. Les entreprises doivent surveiller attentivement les activités de connexion afin d'identifier ces tendances et de prendre des mesures correctives avant que des dommages supplémentaires ne soient causés.

Les ralentissements ou les pannes système peuvent également être le signe d'une cyberattaque. Lorsqu'un attaquant parvient à infiltrer un réseau, il introduit des logiciels malveillants qui s'exécutent en arrière-plan, surchargeant les ressources système ou provoquant des perturbations. Dans le cas d'attaques par rançongiciel, les structures peuvent également cesser de répondre, les fichiers peuvent être verrouillés ou les données rendues inaccessibles. Lorsque ces symptômes apparaissent sans explication claire, il est nécessaire de lancer une enquête plus approfondie sur les failles de sécurité des capacités.

Des modifications des autorisations de documents ou des fichiers manquants peuvent également indiquer une activité malveillante. Les cybercriminels modifient fréquemment les autorisations de documents pour accéder sans autorisation à des informations sensibles ou peuvent supprimer des documents critiques dans le cadre d'une attaque plus vaste. Les rançongiciels, par exemple, verrouillent souvent des documents ou les rendent inaccessibles jusqu'au paiement d'une rançon. Une modification soudaine de l'accès aux documents ou la disparition de documents importants doivent immédiatement alerter. Il est essentiel de surveiller et de préserver l'intégrité des fichiers afin de détecter rapidement ce type d'attaques.

Des pop-ups inhabituels ou des logiciels indésirables sont souvent le signe d'une infection par un logiciel malveillant. Il peut s'agir de logiciels espions, publicitaires ou de virus qui s'exécutent discrètement dans l'historique, collectant des données sensibles ou perturbant le fonctionnement du système. Si les utilisateurs commencent à rencontrer des pop-ups ou que leur appareil utilise un logiciel inhabituel, cela peut indiquer une cyberattaque en cours. Maintenir les logiciels à jour et effectuer des analyses régulières à la recherche de logiciels malveillants est un excellent moyen de détecter rapidement ce type de menaces.

Un trafic sortant inattendu est un autre signe courant d'une cyberattaque. Les attaquants cherchent souvent à exfiltrer des données du réseau de la victime. Ils envoient généralement des données volées vers une région éloignée. Une augmentation soudaine du trafic sortant vers des adresses IP ou des serveurs inattendus peut indiquer un transfert malveillant de données. En surveillant l'activité du réseau et en suivant les transferts de données inhabituels, les entreprises peuvent rapidement identifier les accès non autorisés et empêcher l'exfiltration de données.

Des redémarrages ou des arrêts inattendus du système peuvent parfois signaler la présence d'un logiciel malveillant. Les structures affectées peuvent redémarrer ou s'arrêter sans avertissement; c'est une tactique fréquemment utilisée par les cybercriminels pour éviter d'être détectés. Les logiciels malveillants peuvent également provoquer des redémarrages pour contourner les fonctions de sécurité ou perturber le fonctionnement des appareils. Si de telles perturbations se produisent fréquemment sans cause apparente, elles peuvent révéler une menace cachée.

Les identifiants ou points d'accès compromis constituent un autre facteur d'entrée courant pour les cyberattaques. Lorsque les attaquants parviennent à accéder aux identifiants des utilisateurs, ils peuvent facilement infiltrer les systèmes et se propager sans être détectés. L'utilisation non autorisée d'identifiants est un signe clair qu'une attaque est en cours.

Toute activité de connexion inexpliquée depuis des appareils ou des emplacements inconnus, en particulier lorsque les identifiants d'un utilisateur légitime sont impliqués, doit inciter à une action immédiate pour sécuriser l'appareil et limiter les dommages aux capacités.

Les cyberattaques varient considérablement en termes de forme et de complexité, mais repérer les signes courants peut considérablement améliorer les chances de détection. Le phishing, par exemple, consiste à inciter les utilisateurs à divulguer des données sensibles via de faux e-mails, sites web ou appels téléphoniques. Ces attaques peuvent être diagnostiquées par des e-mails inattendus ou des demandes de données personnelles provenant de sources inconnues. Les rançongiciels, quant à eux, verrouillent les fichiers et exigent une rançon pour leur lancement. Les symptômes incluent une lenteur des performances, l'impossibilité d'accéder aux fichiers et l'affichage de demandes de rançon à l'écran. Il est essentiel de comprendre les signes de ces attaques au plus vite afin d'en réduire l'impact.

Les attaques par déni de porteuse (DoS) constituent une autre menace courante. Elles inondent une machine ou un réseau de trafic, le rendant lent, voire totalement inaccessible aux utilisateurs légitimes. Surveiller le trafic réseau pour détecter les pics d'activité soudains peut permettre de détecter précocement une attaque DoS. Une attaque de l'homme du milieu (MitM), où un attaquant intercepte et altère les communications, peut également constituer une menace sérieuse. La détection peut être difficile, mais la surveillance du chiffrement et des protocoles de communication peut aider à identifier ces types d'attaques.

Les menaces chroniques avancées (APT) sont des cyberattaques ciblées à long terme conçues pour voler des données sensibles sur de longues périodes. Ces attaques sont plus difficiles à détecter car elles évoluent progressivement et utilisent souvent des techniques sophistiquées pour contourner les outils de détection conventionnels. Les indicateurs peuvent également inclure une activité réseau inhabituelle, des transferts de données inexpliqués ou des modifications des paramètres des machines. Être vigilant face à ces modifications subtiles peut aider à détecter les APT avant qu'elles ne causent des dommages irréversibles.

Pour détecter efficacement les cyberattaques, les entreprises doivent louer divers équipements et technologies. Les systèmes de détection d'intrusion (IDS) filtrent le trafic réseau pour détecter les activités suspectes et alertent les équipes de sécurité des menaces potentielles. Données de sécurité Les systèmes SIEM (système d'information d'événements) combinent et analysent les informations de protection de plusieurs actifs, délivrant des alertes en temps réel dès la détection de menaces. Les systèmes EDR (détection et réaction aux terminaux) surveillent les appareils individuels, comme les ordinateurs portables et les téléphones portables, à la recherche de logiciels malveillants ou d'accès non autorisés. Les systèmes d'analyse du trafic réseau peuvent détecter des tendances inhabituelles pouvant indiquer une attaque, et les systèmes de veille stratégique peuvent fournir des informations actualisées sur les menaces émergentes et les stratégies d'attaque.

Détecter les cyberattaques en amont permet aux entreprises d'atténuer les dommages et de prendre des mesures pour protéger leurs informations sensibles. Une surveillance régulière du trafic réseau, des activités sur les appareils et du comportement des utilisateurs, ainsi que l'utilisation d'équipements de détection appropriés, sont essentielles pour identifier les menaces avant qu'elles ne se propagent. La mise en œuvre d'une approche proactive de la cybersécurité, avec une vigilance régulière et la formation des employés, améliorera considérablement la capacité d'une entreprise à détecter et à répondre rapidement et efficacement aux cyberattaques.

7.2 Gestion des incidents et enquête

Le contrôle et l'investigation des incidents sont des éléments essentiels d'une stratégie de cybersécurité performante. En cas de cyberattaque, il est essentiel que les entreprises réagissent rapidement et efficacement pour limiter les dégâts, se rétablir rapidement et prévenir les incidents futurs. Une gestion efficace des incidents nécessite une approche structurée, une coordination efficace et une investigation approfondie afin d'identifier le motif, l'ampleur et l'impact de l'attaque. L'objectif n'est pas seulement de résoudre l'incident, mais aussi d'obtenir des informations susceptibles de renforcer la posture de cybersécurité générale de l'entreprise.

La première étape de la gestion des incidents consiste à détecter l'incident lui-même, comme indiqué précédemment. Une fois une attaque détectée, il est essentiel de mettre en place un plan de réponse aux incidents (IRP) bien défini pour guider l'entreprise tout au long du processus de confinement, d'éradication et de récupération. Ce plan doit définir les rôles et responsabilités des membres de l'équipe, les stratégies d'escalade et les étapes clés pour atténuer les dommages.

Une réponse efficace aux incidents commence par la constitution d'une équipe d'intervention en cas d'incident (IRT), formée et préparée à réagir rapidement à toute violation. L'IRT comprend généralement des personnes issues de différents services, notamment l'informatique, les affaires pénales, la communication et le contrôle, garantissant une réponse multidimensionnelle. Le rôle de chaque membre de l'équipe doit être clairement décrit afin de garantir que tous les aspects de l'incident soient pris en compte. Par exemple, le personnel informatique peut être chargé d'identifier le vecteur d'attaque et de contenir la violation, tandis que les équipes pénales et de conformité peuvent également se charger des exigences de signalement et du respect des lois en vigueur.

Le groupe doit également être composé d'enquêteurs compétents, capables d'examiner l'attaque, d'en identifier la source et d'en comprendre les mécanismes. Ces enquêteurs doivent maîtriser l'utilisation des outils et techniques d'investigation médico-légale leur permettant de retracer l'attaque, de recueillir des preuves et de reconstituer les activités à l'origine de la violation. C'est là que l'enquête sur l'incident commence.

Dès qu'un incident est identifié, la première priorité est de le contenir. Le confinement consiste à empêcher la propagation de l'attaque, à minimiser les dégâts et à empêcher l'attaquant de poursuivre ses activités. Par exemple, si une attaque par rançongiciel est détectée, les systèmes affectés peuvent être déconnectés du réseau afin d'empêcher la propagation du malware. De même, si un intrus est présent sur le réseau, la séparation des appareils compromis peut empêcher l'attaquant d'accéder à des ressources plus critiques.

Les stratégies de confinement peuvent varier selon la nature de l'attaque. Dans certains cas, un confinement immédiat est essentiel pour prévenir l'exfiltration de données ou les dommages aux appareils. Dans d'autres cas, il peut être nécessaire de surveiller les actions de l'attaquant pendant un certain temps afin d'obtenir des renseignements avant de mettre en œuvre les techniques de confinement.

Après le confinement, l'étape suivante consiste à éliminer la menace de l'environnement. Cela peut également impliquer de supprimer les logiciels malveillants et les vulnérabilités restantes, et de s'assurer que les attaquants n'ont pas accès au réseau de l'entreprise. Par exemple, si l'attaque a impliqué l'utilisation d'identifiants volés, l'entreprise peut également souhaiter réinitialiser les mots de passe, désactiver les factures et appliquer de nouvelles fonctionnalités de sécurité pour se protéger des mêmes violations. Une fois le risque éliminé, la phase de réparation commence. Cette phase comprend la restauration des structures, applications et fichiers affectés à partir des sauvegardes, ainsi que la vérification de l'intégrité des systèmes récupérés.

La procédure de récupération peut également prendre plusieurs jours, voire plusieurs semaines, selon la gravité de l'incident. Dans certains cas, les agences peuvent également souhaiter reconstruire des systèmes entiers ou reconfigurer leur infrastructure afin de garantir une atténuation complète de l'attaque. Durant la phase de récupération, il est essentiel de surveiller le réseau afin de détecter tout signe de menace chronique ou de recontamination.

Une fois le risque immédiat maîtrisé et les systèmes restaurés, l'étape critique suivante consiste à mener une enquête approfondie et une analyse post-incident. Cette phase consiste à collecter et à analyser les preuves afin de comprendre comment l'attaque s'est produite, comment elle s'est propagée et quel a été son impact sur l'organisation. Les enquêteurs examineront les journaux système, le trafic réseau et tous les artefacts laissés par les attaquants afin d'établir une chronologie de l'attaque.

L'un des objectifs importants de l'enquête post-incident est de déterminer la cause profonde de la violation. L'attaquant a-t-il exploité une vulnérabilité ? Des techniques d'ingénierie sociale ont-elles été utilisées pour obtenir un accès privilégié ? La sécurité de l'entreprise était-elle suffisante pour empêcher l'attaque ? En répondant à ces questions, les agences peuvent bénéficier d'informations précieuses qui contribueront à prévenir des incidents similaires à l'avenir.

Outre la détermination de la cause de la violation, les enquêteurs peuvent également examiner l'impact de l'attaque. Comment de nombreux documents ont-ils été compromis ou volés ? Quelles structures ont été affectées ? Y a-t-il eu des pertes financières ou une atteinte à la réputation ? Les réponses à ces questions sont cruciales pour évaluer l'ampleur de l'attaque et déterminer la réponse appropriée.

Au cours de cette phase, les organisations doivent également procéder à une évaluation des risques afin d'évaluer la probabilité que des attaques similaires se produisent à l'avenir. Cette évaluation guidera les investissements futurs en cybersécurité, tels que l'adoption de nouvelles technologies, la mise à jour des protocoles de sécurité et une meilleure formation des équipes.

Une communication claire et opportune est essentielle au contrôle des incidents. En interne, l'équipe de réaction aux incidents doit tenir régulièrement informées les principales parties prenantes, telles que la direction, la justice pénale et la conformité. En externe, l'entreprise peut être tenue d'informer les organismes de réglementation, les clients ou les autres parties concernées, selon la nature de la violation. Ceci est particulièrement important lorsqu'il s'agit d'informations sensibles, telles que des données personnelles identifiables (PII) ou des données financières.

Outre le respect des exigences légales et réglementaires, une communication transparente peut contribuer à préserver l'intérêt des clients et du public. Les organisations doivent être prêtes à fournir des informations sur la violation, les mesures prises pour en atténuer les conséquences et les mesures mises en œuvre pour prévenir de futurs incidents.

Enfin, une fois l'enquête terminée, l'entreprise doit tirer les leçons de l'incident pour améliorer sa posture globale de cybersécurité. Les enseignements tirés de l'étude doivent servir à mettre à jour le plan de réaction aux incidents, à améliorer la formation des employés, à corriger les vulnérabilités et à améliorer les systèmes de suivi. Les organisations doivent également organiser des simulations sur table afin de s'assurer que leurs plans de réaction aux incidents sont efficaces et que leurs équipes sont prêtes à réagir de manière inattendue à de futurs incidents.

Un aspect essentiel du contrôle des incidents est l'idée d'amélioration continue. Les menaces de cybersécurité évoluent constamment, tout comme les mécanismes de défense des entreprises. En étudiant au-delà des incidents, en tirant les leçons de ces incidents et en apportant des modifications, les agences peuvent anticiper les menaces émergentes et réduire leur vulnérabilité aux attaques futures.

Les enquêtes sur les incidents nécessitent régulièrement l'utilisation d'équipements d'investigation spécialisés pour collecter, conserver et analyser les preuves. Ces outils permettent aux enquêteurs d'examiner les journaux informatiques, le trafic réseau, les vidages mémoire et d'autres sources d'informations afin de comprendre la propagation d'une attaque. Parmi les équipements d'investigation courants, on trouve les logiciels d'imagerie de disque, les analyseurs de trafic réseau et les outils d'analyse de journaux. L'investigation numérique est un sujet complexe, et les enquêteurs doivent suivre des méthodes établies pour garantir que les preuves sont traitées correctement et recevables devant les tribunaux pénaux.

L'objectif de l'enquête judiciaire est de comprendre le déroulement de l'attaque, de suivre les déplacements de l'attaquant et de recueillir des preuves susceptibles d'être utilisées pour des poursuites judiciaires si nécessaire. Par exemple, les enquêteurs judiciaires peuvent également observer des échantillons de logiciels malveillants afin de déterminer leur mode de déploiement ou utiliser des journaux pour retracer les actions de l'attaquant au sein de la communauté. Ces statistiques peuvent fournir des informations précieuses sur les tactiques, stratégies et méthodes (TTP) de l'attaquant, qui peuvent servir à renforcer les défenses futures.

7.3 Stratégies de défense contre les cyberattaques

Dans un contexte de cybersécurité en constante évolution, se défendre contre les cyberattaques nécessite une stratégie proactive et multidimensionnelle. Face à la complexité et à la fréquence croissantes des cybermenaces, les agences doivent développer des stratégies de défense complètes qui non seulement se concentrent sur la prévention des attaques, mais permettent également leur détection, leur confinement et leur rétablissement rapides. Une stratégie de défense robuste combine plusieurs équipements, systèmes et réglementations pour protéger les actifs vitaux, assurer la continuité opérationnelle et atténuer les risques liés aux cybermenaces. Les stratégies de défense suivantes sont des éléments clés d'une stratégie de cybersécurité efficace.

L'une des normes les plus fondamentales en matière de cybersécurité est la notion de « défense extensive ». Cette approche implique l'application de plusieurs couches de sécurité pour protéger les données, les systèmes et les réseaux. Plutôt que de s'appuyer sur un seul mécanisme de protection, la protection intensive garantit que si une couche est compromise, les autres resteront en place pour éviter des dommages supplémentaires.

Les couches clés de cette méthode comprennent la protection du réseau, la sécurité des terminaux, la protection des logiciels, le chiffrement des données et la surveillance de la sécurité. Chaque couche remplit une fonction spécifique, du blocage des accès non autorisés à la détection des activités inhabituelles. Par exemple, les pare-feu et les systèmes de prévention des intrusions (IPS) peuvent protéger le périmètre du réseau, tandis que les logiciels de protection des terminaux peuvent protéger les appareils individuels. De plus, le chiffrement peut protéger les données sensibles, même interceptées. En superposant les défenses, les entreprises augmentent leurs chances de détecter et d'atténuer les attaques à plusieurs niveaux.

Les terminaux, notamment les ordinateurs portables, les smartphones et autres appareils similaires, constituent souvent les points d'entrée les plus vulnérables aux cyberattaques. Les attaquants exploitent souvent une sécurité vulnérable ou obsolète pour accéder aux réseaux d'entreprise. Pour se protéger, les entreprises doivent mettre en œuvre des stratégies de sécurité robustes, ciblant les appareils, les applications et les données.

Les équipements de protection des terminaux, ainsi que les logiciels antivirus, les solutions de détection et de réaction aux terminaux (EDR) et les systèmes de gestion des appareils mobiles (MDM), peuvent aider à prévenir, détecter et répondre aux menaces sur les appareils personnels. Ces outils offrent des fonctionnalités telles que la surveillance en temps réel, la détection des logiciels malveillants et l'analyse comportementale, permettant d'identifier rapidement les activités suspectes. De plus, les agences doivent appliquer des règles strictes de gestion des appareils, notamment en s'assurant que tous les appareils sont correctement corrigés et que seuls les logiciels autorisés sont installés.

logicielles et les correctifs réguliers sont essentiels pour préserver la sécurité des terminaux. Les attaquants exploitent souvent les vulnérabilités des anciens logiciels, ce qui fait de l'application de correctifs au bon moment une stratégie de défense essentielle. En automatisant la gestion des correctifs et en veillant à ce que tous les terminaux soient à jour, les entreprises peuvent réduire le risque d'exploitation via des vulnérabilités reconnues.

La segmentation du réseau consiste à diviser un réseau en segments plus petits et isolés. Cette technique limite les déplacements latéraux des attaquants au sein du réseau. Par exemple, si un attaquant parvient à accéder à une partie du réseau, la segmentation du réseau garantit qu'il ne peut pas facilement traverser l'ensemble de l'infrastructure pour accéder à d'autres systèmes ou à des données sensibles.

Une segmentation efficace doit inclure l'utilisation de pare-feu, de réseaux locaux virtuels (VLAN) et de listes de contrôle d'accès (ACL) pour restreindre les communications entre certains segments du réseau. De plus, les organisations doivent mettre en place des règles strictes de contrôle d'accès afin de garantir que seuls les utilisateurs autorisés puissent accéder aux ressources sensibles. Cela peut être réalisé grâce à des techniques telles que le contrôle d'accès basé sur la position (RBAC), l'authentification multi-objets (MFA) et le principe du moindre privilège.

En limitant l'accès aux zones sensibles du réseau, les agences peuvent réduire l'impact potentiel d'une attaque et rendre plus difficile pour les attaquants d'étendre leurs privilèges et de se déplacer latéralement à l'intérieur du système.

Une défense efficace contre les cyberattaques exige une vigilance constante. Les cybercriminels sont de plus en plus à la pointe de la technologie et des menaces peuvent surgir à tout moment. Pour devancer les attaquants, les entreprises doivent mettre en place des structures de suivi et de détection des dangers en continu, capables de détecter les activités malveillantes en temps réel.

Les systèmes de gestion des informations et des événements de sécurité (SIEM) jouent un rôle essentiel dans la détection des menaces. Ils collectent et analysent des données provenant de diverses sources, notamment les appareils du réseau, les terminaux et les outils de sécurité, afin d'identifier les tendances pouvant indiquer une cyberattaque. Ces systèmes utilisent des techniques de corrélation et d'apprentissage système pour détecter les anomalies, les intrusions et les menaces émergentes.

La surveillance des menaces est une autre méthode proactive qui consiste à rechercher activement les signes de compromission avant qu'ils ne déclenchent une alerte. Les équipes de sécurité utilisent la veille stratégique, l'analyse des statistiques et des stratégies de détection avancées pour déceler les menaces cachées et les activités suspectes au sein du réseau. En gardant une longueur d'avance sur les cybercriminels, les entreprises peuvent rapidement identifier et neutraliser les menaces avant qu'elles ne causent des dommages importants.

Aucune stratégie de défense n'est complète sans un plan de sauvegarde et de récupération d'urgence robuste. Les cyberattaques, principalement les rançongiciels, impliquent souvent le chiffrement ou la destruction de données cruciales, faisant des sauvegardes un mécanisme de défense essentiel. En sauvegardant régulièrement leurs données et en veillant à ce qu'elles soient stockées en toute sécurité, les entreprises peuvent rapidement réparer les données perdues en cas d'attaque.

Les stratégies de sauvegarde doivent inclure un stockage sur site et hors site, les sauvegardes hors site étant stockées dans un environnement cloud sécurisé ou à distance. De plus, les sauvegardes doivent être chiffrées pour empêcher les pirates de compromettre les données de sauvegarde. Un plan de reprise après sinistre complet doit définir les étapes nécessaires à la réparation des infrastructures et des données, afin de minimiser les temps d'arrêt et d'assurer la continuité de l'activité.

Tester le système de récupération est tout aussi crucial. Des exercices de récupération réguliers garantissent que l'employeur peut réagir efficacement en cas d'attaque. Ces exercices doivent simuler des situations réelles afin de tester les systèmes de secours, les délais de récupération et la coordination entre les équipes.

L'authentification multi-composants (MFA) est l'une des techniques de défense les plus simples contre les cyberattaques, notamment celles liées au vol d'identifiants. Elle exige que les utilisateurs fournissent au moins deux types d'identification, dont un mot de passe, une empreinte digitale ou un code à usage unique envoyé sur un appareil mobile, avant de pouvoir accéder à un appareil ou à un logiciel. Cette couche de protection supplémentaire rend considérablement plus difficile pour les attaquants d'obtenir un accès non autorisé, même après avoir compromis le mot de passe d'un utilisateur.

Les structures de gestion des identités et des accès (IAM) aident les agences à contrôler l'identité des utilisateurs et à mettre en œuvre des règles de sécurité. Les solutions IAM garantissent que les utilisateurs bénéficient d'un accès approprié aux structures et aux dossiers, en fonction de leurs rôles et obligations. En imposant des protocoles d'authentification stricts, notamment l'authentification multifacteur (MFA) et l'IAM, les groupes peuvent réduire considérablement les risques d'accès non autorisés et de violations de données.

Les employés constituent souvent le maillon faible des défenses de cybersécurité d'une entreprise. De nombreuses cyberattaques, comme le phishing et l'ingénierie sociale, exploitent les erreurs humaines plutôt que les vulnérabilités techniques. Par conséquent, la formation des employés aux bonnes pratiques de cybersécurité et leur sensibilisation aux méthodes d'attaque courantes sont essentielles pour contrer ces attaques.

Les organisations doivent mettre en place des formations régulières en cybersécurité pour former le personnel à des sujets tels que la détection des e-mails d'hameçonnage, la prévention des liens suspects et la sécurisation des appareils privés. De plus, les employés doivent être formés à appréhender et à documenter toute menace inhabituelle pour la sécurité des sports ou des activités. Les programmes de sensibilisation à la sécurité doivent être régulièrement mis à jour pour refléter les nouvelles menaces et tendances en matière de cybersécurité.

Les menaces de cybersécurité ne se limitent pas aux entreprises individuelles; elles affectent des secteurs d'activité entiers. Par conséquent, le partage de renseignements sur les risques et la collaboration avec d'autres entreprises, sociétés et agences gouvernementales peuvent contribuer à renforcer les stratégies de défense.

En collaborant au sein de réseaux de partage de données et de plateformes de veille stratégique, les agences peuvent mieux comprendre les menaces émergentes, les méthodes d'attaque et les vulnérabilités. Cette collaboration permet aux équipes de se préparer aux attaques de vulnérabilité et de réagir plus efficacement en cas d'incident. De plus, le partage de veille stratégique permet aux entreprises d'identifier les tendances, de comprendre les modes d'attaque et de construire collectivement des défenses plus efficaces.

Les techniques de défense contre les cyberattaques sont une approche multidimensionnelle qui allie technologie, procédures et autres éléments clés. La mise en œuvre d'un système de défense multicouche, la sécurisation des terminaux, l'utilisation de contrôles d'accès robustes et la surveillance constante des menaces sont autant d'éléments essentiels d'une stratégie de cybersécurité complète. De plus, l'utilisation de systèmes de sauvegarde, la mise en œuvre de l'authentification multi-aspects, la formation des employés et la collaboration avec d'autres équipes renforcent également la capacité d'une entreprise à se protéger contre les cyberattaques.

Face à l'évolution constante des cybermenaces, les agences doivent rester agiles et adapter leurs techniques de défense pour devancer les attaquants. En adoptant une posture de cybersécurité résiliente, les organisations peuvent non seulement protéger leurs actifs essentiels, mais aussi préserver la confiance de leurs clients, employés et partenaires.

7.4 Gestion de crise et plans de relance

Les plans de gestion de crise et de rétablissement sont des éléments essentiels de la stratégie de cybersécurité d'une organisation. Si les mesures proactives, telles que les dispositifs de sécurité préventifs et les systèmes de détection des menaces, sont essentielles, certaines cyberattaques peuvent inévitablement contourner les défenses les plus solides. Dans ce cas, un plan de gestion de crise et de rétablissement bien établi au niveau local peut faire la différence entre un rétablissement rapide et des dommages opérationnels à long terme. Ces plans définissent des étapes claires pour répondre à une crise de cybersécurité, minimiser les dommages et garantir un retour à la normale de l'entreprise dans les meilleurs délais.

La gestion de crise en cybersécurité désigne la technique de gestion et d'atténuation de l'impact d'un incident de cybersécurité. Elle englobe à la fois la réponse immédiate à l'attaque et la gestion continue de la situation au fur et à mesure de son évolution. L'objectif principal de la gestion des catastrophes est de limiter les dommages, de protéger les actifs critiques et de garantir que l'entreprise puisse poursuivre ses activités malgré les perturbations causées par l'attaque.

Un plan de gestion des sinistres bien établi permet à l'entreprise d'être prête à faire face au chaos et au stress qui accompagnent souvent une cyberattaque. Les cyberattaques, comme les rançongiciels, les violations de données ou les attaques par déni de service, peuvent se propager rapidement et perturber les activités de l'entreprise, entraînant des pertes financières, une atteinte à la réputation et des conséquences pénales. Sans un plan clair et efficace, une entreprise peut également avoir du mal à contenir l'attaque ou à récupérer ses données, ce qui aggrave encore la situation.

Un plan de gestion des catastrophes performant repose sur la mise en place d'une équipe d'intervention en cas d'incident (IRT) dédiée. Cette équipe est chargée de gérer la réponse à une cyberattaque et de veiller à ce que toutes les parties prenantes concernées soient informées et impliquées. L'IRT doit être composée de collaborateurs clés issus de différents services, notamment l'informatique, la cybersécurité, le juridique, la communication et la direction.

Les rôles et responsabilités de l'équipe d'intervention d'urgence (IRT) doivent être clairement définis, chaque membre connaissant ses tâches spécifiques en cas de crise. L'équipe doit être compétente et maîtriser les règles et techniques de cybersécurité de l'entreprise, afin d'agir rapidement et avec détermination en cas d'attaque. La présence d'une équipe sur place garantit une réponse coordonnée, réduisant ainsi la confusion et les risques de malentendus pendant la crise.

La première étape de la réponse à une cyberattaque consiste à identifier rapidement et classer l'incident. Un système de détection d'incidents bien conçu, incluant une solution de gestion des informations et des événements de sécurité (SIEM), peut aider à détecter les activités suspectes et à déclencher des signaux d'alerte pour l'équipe d'intervention d'urgence (IRT). Une fois l'attaque identifiée, elle doit être étiquetée selon sa gravité et son type: violation de données, attaque par rançongiciel ou tout autre type d'attaque.

Une identification précoce est cruciale, car elle permet à l'IRT de déterminer la direction à suivre. Par exemple, une attaque par rançongiciel peut nécessiter la séparation des structures infectées afin d'empêcher la propagation du logiciel malveillant, tandis qu'une violation de données peut nécessiter la notification des personnes concernées et des organismes de réglementation.

Le confinement est une étape essentielle pour minimiser les dégâts d'une cyberattaque. L'objectif est d'empêcher la propagation de l'attaque et de prévenir la compromission d'autres structures ou données. L'IRT doit identifier rapidement la source de l'attaque et mettre en œuvre des mesures pour la contenir. Cela peut également inclure l'exclusion des machines infectées du réseau, la fermeture des services affectés ou le blocage du trafic malveillant.

Outre le confinement, l'IRT doit commencer à atténuer les dommages causés par l'attaque. Par exemple, si des informations sensibles ont été divulguées, l'équipe peut collaborer avec les équipes judiciaires et de conformité pour garantir le respect des exigences réglementaires et la notification rapide des parties concernées. Si les systèmes ont été compromis, l'équipe peut supprimer le logiciel malveillant et restaurer les systèmes à partir de sauvegardes régulières.

Un échange verbal efficace est essentiel lors d'une cyberattaque. L'IRT doit disposer d'une méthode d'échange prédéfinie garantissant la transmission de données précises et opportunes aux parties prenantes internes, aux partenaires externes et aux personnes concernées. Un dialogue clair permet de garder le cap et de garantir que chacun est informé de la gravité de l'attaque et de la réponse de l'organisation.

Le plan de communication doit inclure des messages spécifiques destinés à des publics spécifiques, tels que les employés, les clients, les autorités de réglementation et les médias. Les employés doivent être informés des mesures à prendre pour se protéger, comme la modification des mots de passe ou l'interdiction d'accéder à certains systèmes. Les clients et les partenaires commerciaux doivent être rassurés sur le fait que l'employeur prend des mesures rapides pour résoudre le problème, tandis que les autorités de réglementation peuvent également devoir être informées conformément aux exigences légales.

La stratégie de communication en cas de catastrophe doit également prévoir des dispositions pour gérer la notoriété de l'entreprise. Les cyberattaques peuvent avoir un impact considérable sur l'opinion publique; il est donc essentiel de disposer d'un plan pour répondre aux éventuels problèmes de relations publiques. Cela peut également inclure la rédaction d'un communiqué destiné aux médias, la prospection sur les réseaux sociaux et la garantie d'une approche claire et responsable de la crise.

Une fois la catastrophe immédiate maîtrisée, la phase suivante est la restauration. Elle implique la restauration des systèmes, applications et services impactés par la cyberattaque. Un élément clé de la récupération est de s'assurer que les sauvegardes sont intactes et peuvent être utilisées pour restaurer les données perdues ou endommagées. Disposer de sauvegardes régulières et à jour est essentiel pour permettre à l'entreprise de reprendre rapidement ses activités quotidiennes sans perte de données.

La méthode de récupération doit être soigneusement coordonnée, l'équipe d'intervention d'urgence travaillant en étroite collaboration avec les équipes informatiques et de cybersécurité afin de garantir la restauration sécurisée des systèmes. Dans certains cas, il peut être important de mener une analyse forensique pour appréhender l'étendue de la violation et déterminer si des systèmes restent compromis.

Une fois les services rétablis, l'organisation doit surveiller ses structures afin de s'assurer que l'attaque ne se reproduise pas ou qu'aucune vulnérabilité ne subsiste. La reprise d'activité ne doit pas se limiter à la récupération des appareils; l'organisation doit également analyser l'attaque afin de tirer les leçons de l'incident et d'améliorer ses mécanismes de protection.

Une fois la catastrophe terminée et les activités normales reprises, l'entreprise doit procéder à une évaluation post-incident approfondie afin d'évaluer l'efficacité de la réponse et d'identifier les axes d'amélioration. Cette évaluation doit impliquer toutes les parties prenantes, notamment l'équipe IRT, l'équipe informatique, l'équipe médicale, l'équipe communication et l'équipe de contrôle.

Lors de l'autopsie, l'agence doit déterminer les éléments suivants:

À quelle vitesse l'agression a-t-elle été détectée et contenue ?

Les techniques de conversation étaient-elles efficaces ?

Y avait-il des lacunes dans les mécanismes de protection qui ont permis à l'agression de réussir ?

Dans quelle mesure le plan de relance a-t-il fonctionné et y a-t-il eu des difficultés à rétablir les services ?

Sur la base de cette analyse, l'agence peut affiner ses plans de gestion de crise et de reprise d'activité, remplacer les dispositifs de sécurité et former ses employés à réagir aux incidents futurs. Le développement continu est un élément clé de la cybersécurité, car de nouvelles menaces apparaissent constamment.

Les plans de gestion de crise et de rétablissement sont essentiels pour permettre aux organisations de réagir efficacement aux cyberattaques et d'en limiter les conséquences. Ces plans doivent inclure des rôles et des responsabilités clairs, des stratégies d'identification et de catégorisation des incidents, des stratégies de confinement et d'atténuation, des protocoles de communication et des techniques de rétablissement. De plus, les organisations doivent mener des analyses post-incident afin de tirer les leçons de chaque attaque et d'améliorer leurs défenses contre les incidents futurs. En appliquant des plans complets de gestion et de rétablissement après sinistre, les organisations peuvent s'assurer d'être prêtes à répondre efficacement aux cyberattaques, à protéger leurs actifs et à assurer la continuité de leurs activités, même face aux cybermenaces.

CHAPITRE 8

Vers l'avenir: intelligence artificielle et cybersécurité

8.1 Le rôle de l'intelligence artificielle dans la cybersécurité

L'intégration de l'intelligence artificielle (IA) à la cybersécurité transforme le paysage de la protection numérique. Face à la sophistication et à la fréquence croissantes des cyberattaques, le besoin de technologies de sécurité avancées n'a jamais été aussi grand. L'intelligence artificielle permet non seulement d'améliorer les mesures de cybersécurité traditionnelles, mais aussi d'introduire de nouvelles méthodes proactives d'identification, de défense et d'atténuation des cybermenaces.

La cybersécurité propulsée par l'IA marque le passage d'une défense réactive à une défense proactive. Les techniques traditionnelles de cybersécurité reposent en grande partie sur des règles et des schémas prédéfinis, ainsi que sur des interventions manuelles. Si ces techniques se sont avérées efficaces dans de nombreux cas, elles ne suffisent plus à répondre à la complexité et à l'évolution croissantes des cybermenaces modernes. L'IA, quant à elle, apporte des compétences analytiques et cognitives supérieures qui permettent aux structures de rechercher, de s'adapter et de réagir automatiquement aux menaces en temps réel. L'IA transforme la perception de la sécurité, passant de structures de protection simples à des mécanismes dynamiques et autodidactes qui s'améliorent au fur et à mesure de l'évolution des informations.

L'un des apports majeurs de l'IA à la cybersécurité réside dans sa capacité à automatiser la détection et la réaction aux menaces. Dans les systèmes de cybersécurité traditionnels, les experts en sécurité détectent les signaux générés par les pare-feu, les systèmes de détection d'intrusion et autres équipements de sécurité. Cependant, face à la quantité considérable de données générées et à la complexité des attaques de pointe, il est de plus en plus difficile pour les analystes humains de suivre le rythme. L'IA répond à cette mission en traitant de vastes ensembles de données à des vitesses que les humains ne peuvent absolument pas égaler.

Les structures d'IA peuvent analyser le trafic réseau, le comportement des utilisateurs et les interactions entre appareils afin de détecter des anomalies pouvant indiquer la présence d'une cyber-menace. Ces systèmes utilisent des algorithmes d'apprentissage automatique pour adapter et améliorer en permanence leurs capacités de détection. En s'appuyant sur des données anciennes et des modèles d'attaque en constante évolution, l'IA peut identifier des menaces émergentes qui n'ont peut-être pas encore été répertoriées dans les bases de données traditionnelles basées sur des règles.

Par exemple, les systèmes de détection d'intrusion (IDS) et de prévention d'intrusion (IPS) basés sur l'IA sont capables de détecter en temps réel des comportements inhabituels, comme des transferts de données inhabituels ou un trafic réseau inhabituel. Lorsqu'une anomalie est détectée, les systèmes d'IA peuvent déclencher une réaction automatique, comme l'isolement des systèmes affectés, le blocage du trafic malveillant ou la notification des équipes de sécurité, permettant ainsi à l'entreprise de maîtriser l'attaque avant qu'elle ne se propage.

Les structures pilotées par l'IA peuvent également détecter proactivement les vulnérabilités avant qu'elles ne soient exploitées par des acteurs malveillants. Des scanners de vulnérabilités, alimentés par des algorithmes d'apprentissage automatique, analysent en continu les nouvelles faiblesses logicielles et matérielles. L'outil hiérarchise les vulnérabilités en fonction de leur potentiel de dommages, permettant ainsi à l'équipe de sécurité d'identifier en priorité les problèmes les plus importants. Cette forme de gestion prédictive des vulnérabilités peut réduire considérablement le risque de violation.

L'une des tâches les plus importantes en cybersécurité est la détection des menaces internes, qui peuvent souvent résulter de l'exploitation par des employés ou des sous-traitants de leurs droits d'accès à des fins malveillantes. Dans ce cas, les systèmes de sécurité traditionnels peinent à distinguer les actions légitimes des comportements suspects. Cependant, l'IA peut considérablement améliorer la détection des menaces internes grâce à l'analyse comportementale.

L'analyse comportementale, optimisée par l'IA, reflète l'intérêt des utilisateurs, des réseaux et des systèmes. Les algorithmes d'IA analysent les comportements de base, notamment la manière dont les utilisateurs interagissent avec les systèmes, les fichiers auxquels ils ont accès et leurs actions. En cas d'écart par rapport aux habitudes établies, par exemple lorsqu'un employé accède à des données sensibles sans raison professionnelle légitime ou effectue des transferts de données inhabituels, les systèmes d'IA peuvent signaler ce comportement comme suspect et alerter les équipes de sécurité.

Ces systèmes peuvent également détecter les anomalies du trafic communautaire indiquant une menace interne, comme des tentatives massives d'exfiltration de données ou des tentatives d'accès à des structures à des moments inhabituels. Grâce à leur capacité d'apprentissage continu, les structures d'IA peuvent s'adapter plus efficacement aux changements de comportement des utilisateurs et identifier plus précisément les menaces internes.

Les logiciels malveillants constituent un danger en constante évolution, les attaquants développant sans cesse de nouvelles méthodes pour infiltrer les structures et échapper à la détection. Les logiciels antivirus traditionnels s'appuient sur des signatures de logiciels malveillants reconnues pour détecter et bloquer les logiciels malveillants. Cependant, cette méthode devient inefficace lorsque les attaquants utilisent de nouvelles versions de logiciels malveillants jusqu'alors inconnues. C'est là que la détection des logiciels malveillants par l'IA devient essentielle.

Les systèmes de détection de logiciels malveillants basés sur l'IA utilisent des algorithmes d'identification des appareils pour analyser le comportement des fichiers, des packages et des applications en temps réel. Au lieu de rechercher uniquement des signatures reconnues, les modèles d'IA peuvent détecter des comportements suspects, comme des tentatives de chiffrement de documents, des modifications non autorisées des paramètres de l'ordinateur ou des communications avec des serveurs externes. Ces signaux comportementaux peuvent être utilisés pour détecter des types de logiciels malveillants nouveaux et inconnus, avant même leur catalogage dans une base de données.

De plus, l'IA peut être utilisée pour suivre la propagation des logiciels malveillants à un stade donné au sein d'une communauté, ce qui permet d'identifier la source de contamination et d'isoler les systèmes infectés afin de prévenir des dommages similaires. À mesure que les structures d'IA apprennent de leurs interactions avec les logiciels malveillants, elles améliorent continuellement leurs capacités de détection, notamment grâce à des temps de réaction plus rapides et une meilleure identification des logiciels malveillants.

L'IA joue également un rôle essentiel dans l'amélioration de la veille sur les menaces et de la protection prédictive. La veille traditionnelle repose sur des analystes humains qui collectent, interprètent et diffusent des données sur les menaces émergentes. Si l'analyse humaine est précieuse, elle est chronophage et souvent réactive. L'IA peut contribuer à améliorer la veille sur les menaces en automatisant la collecte et l'analyse des statistiques sur les menaces provenant de diverses sources, notamment les réseaux sociaux, les forums du dark web et les analyses de sécurité.

Les algorithmes d'IA peuvent analyser de vastes volumes d'informations sur les dangers et identifier des types ou des indicateurs de compromission (IOC) susceptibles d'améliorer la posture de sécurité d'une organisation. En corrélant les données de diverses sources, l'IA peut aider les entreprises à anticiper les attaques informatiques et à renforcer proactivement leurs défenses. Cette approche prédictive permet aux entreprises de garder une longueur d'avance sur les cybercriminels et de réduire le risque d'attaques réussies.

Par exemple, les systèmes basés sur l'IA peuvent analyser l'historique des attaques pour prédire les zones où les cybercriminels sont susceptibles d'attaquer, permettant ainsi aux équipes de sécurité de renforcer les systèmes dans ces zones avant qu'une attaque ne se produise. De plus, l'IA peut suivre les techniques et les équipements utilisés par les attaquants, permettant ainsi aux organisations de développer des contre-mesures plus efficaces.

Une fois une cyberattaque détectée, la rapidité et l'efficacité de la réaction peuvent être déterminantes pour minimiser les dommages. L'IA peut être utilisée pour automatiser de nombreux aspects de la réaction aux incidents, permettant ainsi aux agences d'agir plus rapidement et plus efficacement que jamais.

Les systèmes d'IA peuvent analyser la nature de l'attaque, identifier les structures potentiellement compromises et mettre en œuvre des réponses automatisées, telles que la déconnexion des machines infectées, le blocage du trafic malveillant ou la fermeture des services vulnérables. En automatisant ces étapes, l'IA réduit le temps de réponse des équipes de sécurité et prévient les erreurs humaines dans les situations de haute pression.

De plus, l'IA peut faciliter l'analyse post-incident. Les algorithmes d'apprentissage automatique peuvent aider les équipes de sécurité à appréhender l'ampleur globale de l'attaque, à suivre sa propagation sur le réseau et à en comprendre les causes profondes. Ces données peuvent servir à élaborer des dispositifs de sécurité futurs et à renforcer les défenses contre des attaques similaires à venir.

Si l'IA est très prometteuse pour améliorer la cybersécurité, son déploiement pose également des problèmes et des défis éthiques. L'une des principales préoccupations est la possibilité que les systèmes d'IA soient exploités par des acteurs malveillants. Tout comme l'IA peut servir à renforcer les défenses, les cybercriminels peuvent également l'exploiter à leurs propres fins, notamment pour développer des attaques plus sophistiquées ou échapper à la détection.

Une autre difficulté réside dans la fiabilité des données. Les structures d'IA sont plus efficaces si elles sont précises, et des statistiques biaisées ou incomplètes peuvent conduire à des détections de danger erronées ou à des faux positifs. Il est essentiel de s'assurer que les modèles d'IA sont entraînés sur de nombreux enregistrements représentatifs pour garantir leur efficacité et leur équité.

Par ailleurs, l'implémentation de l'IA en cybersécurité soulève des questions de confidentialité. Alors que les systèmes d'IA collectent et analysent de grandes quantités de données, notamment sur les centres d'intérêt des utilisateurs et le trafic réseau, les entreprises doivent s'assurer de respecter les lois et réglementations en matière de confidentialité, notamment le Règlement général sur la protection des données (RGPD) en Europe. Trouver un équilibre entre protection et respect de la vie privée est crucial pour garantir que les solutions de cybersécurité basées sur l'IA ne portent pas atteinte aux droits de la personnalité.

L'intelligence artificielle révolutionne le secteur de la cybersécurité en améliorant la détection des menaces, en automatisant les réponses et en offrant des fonctionnalités de sécurité prédictives. Face à l'évolution constante des cybermenaces, l'IA jouera un rôle de plus en plus crucial dans la défense des entreprises contre les attaques sophistiquées. De la détection automatisée des logiciels malveillants à l'analyse comportementale et à la veille prédictive sur les risques, l'IA permet aux équipes de sécurité d'agir plus rapidement, plus efficacement et de manière plus proactive que jamais. Cependant, comme pour toute nouvelle technologie, il est crucial que l'IA soit déployée de manière responsable, en tenant compte des enjeux éthiques et de confidentialité. En exploitant la puissance de l'IA, les équipes peuvent renforcer leurs défenses et anticiper un paysage de risques en constante évolution.

8.2 Menaces futures et tendances en matière de sécurité

Le paysage de la cybersécurité est en constante évolution, poussé par l'évolution rapide des technologies et la sophistication croissante des cyberattaques. Alors que les entreprises adoptent de nouvelles technologies, comme l'intelligence artificielle, l'Internet des objets (IoT) et les réseaux 5G, elles sont également confrontées à de nouvelles menaces qui mettent en péril les fonctions de sécurité traditionnelles.

L'une des tendances technologiques les plus répandues à l'horizon est l'informatique quantique, qui promet de révolutionner des domaines comme la cryptographie, la découverte de médicaments et l'intelligence artificielle. Cependant, cette nouvelle technologie puissante représente également un risque majeur pour la cybersécurité, notamment en matière de chiffrement. Les méthodes de chiffrement traditionnelles, telles que RSA et ECC (cryptographie à courbe elliptique), reposent sur la factorisation de grands nombres ou la résolution de problèmes de logarithmes discrets. Les ordinateurs quantiques, capables d'effectuer des calculs complexes à une vitesse exponentielle par rapport aux ordinateurs classiques, devraient rendre ces méthodes de chiffrement obsolètes.

L'ensemble de règles de Shor, un ensemble de règles quantiques, peut efficacement générer de grands nombres, ce qui signifie qu'il pourrait perturber les systèmes modernes de chiffrement à clé publique. Cela présente un risque critique pour la confidentialité et l'intégrité des données chiffrées. Les organisations doivent se préparer à l'avènement de l'informatique quantique en investissant dans des algorithmes de chiffrement résistants aux attaques quantiques, notamment la cryptographie par réseau, la cryptographie par code et les signatures par hachage, considérés comme résistants aux attaques quantiques.

Bien que les ordinateurs quantiques intelligents et à grande échelle ne soient pas encore disponibles, la menace potentielle pour le chiffrement est suffisamment importante pour que les experts en sécurité travaillent déjà sur les exigences de la cryptographie post-quantique. La transition vers un chiffrement résistant aux attaques quantiques pourrait être essentielle pour garantir la protection des données à l'ère quantique, et les entreprises souhaitent anticiper ce phénomène en se préparant à un avenir où l'informatique quantique deviendra une réalité.

Les infrastructures critiques, telles que les réseaux énergétiques, les systèmes de transport et les centres de santé, ont toujours été une cible privilégiée des cyberattaques en raison de leur importance pour la sécurité nationale et le fonctionnement de la société. À mesure que ces systèmes deviennent de plus en plus interconnectés et dépendants des technologies numériques, ils deviennent de plus en plus vulnérables aux cybermenaces. Les attaques contre les infrastructures essentielles peuvent avoir des conséquences à long terme, notamment des perturbations, des pertes humaines et des préjudices financiers considérables.

Les attaques par rançongiciel, par exemple, ont déjà ciblé des hôpitaux et des organismes d'aide sociale, paralysant leurs activités et causant des pertes financières considérables. La tendance au rançongiciel comme support, où les cybercriminels peuvent louer des outils de rançongiciel pour exécuter leurs attaques, permet aux attaquants, même les moins expérimentés, de cibler plus facilement des infrastructures coûteuses.

Outre les rançongiciels, les cyberattaques ciblant les chaînes d'approvisionnement sont en hausse. Les cybercriminels exploitent de plus en plus les vulnérabilités des opérateurs, sous-traitants et éditeurs de logiciels tiers pour accéder à de vastes réseaux. La cyberattaque de SolarWinds en

2020, qui a compromis un important fournisseur de logiciels de gestion informatique et touché de nombreuses organisations dans le monde, illustre clairement les risques croissants liés aux attaques contre les chaînes d'approvisionnement. Ces attaques peuvent rester inactives pendant des mois, voire des années, ce qui les rend particulièrement dangereuses.

À mesure que les infrastructures essentielles deviennent de plus en plus interconnectées grâce à l'Internet industriel des objets (IIoT) et aux autres technologies numériques, le besoin de dispositifs de sécurité robustes va s'accroître. Les organisations doivent mettre en œuvre des protocoles de protection de la chaîne d'approvisionnement plus stricts, réaliser des évaluations régulières des vulnérabilités et établir des plans de réponse aux incidents afin d'atténuer l'impact des attaques sur les systèmes critiques.

L'Internet des objets (IoT) a apporté des avantages considérables en termes de confort, d'automatisation et de performances, mais il a également engendré de nouvelles vulnérabilités dans les environnements virtuels. Le nombre croissant d'appareils connectés, allant des appareils domestiques intelligents et des objets connectés aux capteurs industriels et aux dispositifs médicaux, a considérablement accru la surface d'attaque des cybercriminels.

De nombreux appareils IoT présentent des défenses vulnérables, notamment des mots de passe par défaut, des micrologiciels obsolètes et un chiffrement insuffisant. De plus, nombre d'entre eux collectent et transmettent d'importantes quantités d'informations sensibles, ce qui en fait des cibles de choix pour les attaquants cherchant à emprunter des données privées ou à surveiller leurs comportements. L'ampleur des appareils IoT représente également une tâche importante pour les experts en sécurité, car sécuriser chaque appareil peut, à mon avis, être un projet ambitieux.

Des botnets composés d'objets connectés compromis, dont le tristement célèbre botnet Mirai, ont déjà été utilisés pour lancer des attaques par déni de service distribué (DDoS) à grande échelle, mettant hors ligne des sites web célèbres. Face à la prolifération des objets connectés, les attaquants continueront probablement d'exploiter ces vulnérabilités pour mener diverses attaques, notamment le vol de données, l'espionnage et les attaques DDoS.

Pour faire face à ces situations complexes, les fabricants et développeurs doivent prioriser la sécurité lors de la conception et du développement des appareils IoT. Cela implique l'utilisation d'un chiffrement robuste, l'instauration de pratiques de développement logiciel stables et la garantie que les appareils puissent recevoir des mises à jour logicielles en temps opportun pour corriger les vulnérabilités. Les entreprises doivent également mettre en place une segmentation du réseau pour isoler les appareils IoT des systèmes plus critiques et surveiller le trafic IoT afin de détecter tout signe d'activité malveillante.

L'essor des deepfakes – des images, des films ou des clips audio générés par l'IA, impossibles à distinguer du contenu réel – représente un nouveau danger pour les particuliers comme pour les entreprises. Les deepfakes peuvent être utilisés pour diffuser de la désinformation, escroquer, manipuler l'opinion publique et nuire à la réputation des entreprises.

Les cybercriminels peuvent utiliser les deepfakes pour se faire passer pour des dirigeants lors d'attaques d'hameçonnage, en persuadant les employés de confisquer des fonds ou de partager des données sensibles. Ils peuvent également créer de faux films ou clips audio semblant provenir de sources légitimes, donnant lieu à des escroqueries financières ou à des attaques d'ingénierie sociale. Les répercussions politiques des deepfakes sont également considérables, car ils peuvent être utilisés pour orienter les élections ou inciter à des troubles sociaux.

À mesure que l'ère du deepfake continue de progresser, il deviendra de plus en plus difficile pour les particuliers et les entreprises de distinguer les contenus authentiques des faux. La détection des deepfakes nécessite des outils spécialisés utilisant des algorithmes d'analyse de systèmes pour analyser les signaux visuels et auditifs afin de détecter les signes de manipulation. Les organisations devront mettre en œuvre des stratégies de vérification des médias plus strictes et sensibiliser leur personnel aux risques associés aux médias synthétiques.

Si l'IA offre de nombreux avantages en matière de cybersécurité, elle est également de plus en plus utilisée par les cybercriminels pour accroître la puissance de leurs attaques. Les logiciels malveillants basés sur l'IA, par exemple, peuvent adapter leur comportement en fonction de l'environnement qu'ils attaquent, ce qui les rend plus difficiles à détecter avec les équipements de protection traditionnels. L'IA peut également servir à automatiser la détection des vulnérabilités des systèmes et à générer des attaques de phishing personnalisées à partir de données collectées sur les réseaux sociaux et d'autres sources ouvertes.

Les attaques basées sur l'IA peuvent également donner naissance à des botnets extrêmement efficaces, où des robots malveillants utilisent des algorithmes d'apprentissage automatique pour optimiser leurs stratégies d'attaque. Alors que les attaquants adoptent l'IA pour automatiser et optimiser leurs attaques, le réseau de cybersécurité doit également exploiter l'IA pour anticiper ces menaces émergentes.

Les organisations doivent se préparer à se protéger contre les attaques basées sur l'IA en intégrant l'IA et l'acquisition de données à leurs propres stratégies de cybersécurité. La détection automatisée des menaces, la détection des anomalies et l'intelligence prédictive des risques, alimentées par l'IA, deviennent essentielles pour identifier et contrer la prochaine génération de cyberattaques.

Alors que les entreprises acquièrent et stockent des quantités considérables de données personnelles, les préoccupations en matière de confidentialité deviennent de plus en plus préoccupantes. Face à la multiplication des violations de données, les citoyens sont de plus en plus préoccupés par la sécurité de leurs données personnelles. Par ailleurs, les gouvernements du monde entier imposent des réglementations plus strictes en matière de protection des données, notamment le Règlement général sur la protection des données (RGPD) en Europe et le California Consumer Privacy Act (CCPA) aux États-Unis.

L'avenir de la cybersécurité passera non seulement par la protection contre les cybermenaces, mais aussi par le respect des lois sur la confidentialité des données et la protection des droits des personnes. À mesure que les organisations continuent d'acquérir davantage de données, elles doivent s'assurer qu'elles sont stockées de manière sécurisée, traitées avec le consentement des utilisateurs et utilisées uniquement à des fins légitimes. Tout manquement à ces obligations peut entraîner une atteinte à la réputation, des sanctions juridiques et une perte de confiance des clients.

L'avenir de la cybersécurité pourrait être façonné par l'évolution rapide des technologies et la sophistication croissante des cybermenaces. À mesure que les agences intègrent des technologies telles que l'informatique quantique, l'IoT et l'intelligence artificielle, elles seront confrontées à de nouveaux défis pour sécuriser leurs systèmes et leurs données. Les menaces futures, telles que les attaques contre les infrastructures critiques, les dangers de l'informatique quantique, les vulnérabilités de l'IoT et les deepfakes, exigeront des organisations qu'elles adoptent de nouvelles techniques et technologies pour anticiper les cybercriminels. Pour rester résilientes face à ces menaces émergentes, les experts en cybersécurité doivent s'informer, investir dans des technologies de protection avancées et favoriser une culture d'apprentissage et de mise à jour continue. Ce faisant, ils pourront garantir la sécurité de leurs actifs numériques et se prémunir contre l'évolution des cybermenaces.

8.3 Considérations éthiques et juridiques

Alors que la cybersécurité s'adapte et devient un élément fondamental de nos vies numériques, elle soulève d'importantes questions éthiques et pénales auxquelles il faut répondre. Si les professionnels de la cybersécurité travaillent sans relâche pour protéger les données, les structures et les réseaux, ils doivent également naviguer dans un paysage complexe de cadres juridiques et de dilemmes moraux. Ces questions deviennent encore plus complexes à mesure que les nouvelles technologies, telles que l'intelligence artificielle, l'informatique quantique et les technologies améliorant la confidentialité, remodèlent l'environnement virtuel.

L'un des enjeux éthiques les plus importants en matière de cybersécurité est de trouver le juste équilibre entre la sécurisation des biens numériques et le respect de la vie privée des personnes. D'une part, les pratiques de cybersécurité sont essentielles pour protéger les données sensibles contre les cybercriminels, les acteurs malveillants et les accès non autorisés. D'autre part, les dispositifs de sécurité invasifs, tels que les logiciels de surveillance, la collecte de données et le suivi, peuvent porter atteinte au droit à la vie privée des individus.

Les réglementations en matière de sécurité des données, telles que le Règlement général sur la protection des données (RGPD) de l'Union européenne et la loi californienne sur la protection de la vie privée des consommateurs (CCPA), ont établi un cadre juridique garantissant que les entreprises reconnaissent le droit à la vie privée des personnes. Ces règles offrent aux personnes un meilleur contrôle sur leurs données personnelles, ainsi que le droit d'accéder à leurs données, de les corriger et de les supprimer. Cependant, les agences doivent trouver un équilibre entre le respect de ces lois et le maintien de solides mesures de sécurité pour protéger les données.

D'un point de vue éthique, les professionnels de la cybersécurité doivent imposer des technologies de sécurité qui ne portent pas atteinte à la vie privée ni ne violent les principes de la confiance mutuelle. Par exemple, la mise en œuvre d'un chiffrement de bout en bout, garantissant que seul le destinataire prévu puisse lire un message, est essentielle pour protéger la vie privée. Cependant, certains gouvernements affirment que le chiffrement peut échapper aux enquêtes sur la cybercriminalité et le terrorisme, ce qui suscite des tensions entre les préoccupations liées à la vie privée et à la sécurité nationale.

Un autre défi éthique en cybersécurité est la pratique du « piratage en retour », où des organisations ou des individus prennent des cibles en main en lançant des contre-attaques contre les cybercriminels. Bien que cela puisse paraître une réaction raisonnable à une cyberattaque, le piratage en retour engendre d'énormes problèmes criminels et moraux.

D'un point de vue juridique, le piratage informatique peut enfreindre les lois interdisant l'accès non autorisé aux systèmes informatiques. Dans de nombreuses juridictions, le piratage informatique en représailles est illégal, même si l' attaque initiale est devenue illégale. De plus, il peut avoir des conséquences accidentelles, notamment nuire à des tiers innocents ou aggraver les conflits entre les États et les cybercriminels.

D'un point de vue éthique, le piratage informatique soulève des questions de responsabilité et d'utilisation appropriée de la pression dans l'univers numérique. Les professionnels de la cybersécurité doivent se rappeler si de telles actions sont justifiées et si elles peuvent entraîner des dommages collatéraux ou des dommages supplémentaires à autrui. Dans la plupart des cas, la méthode éthique consiste à agir dans le cadre d'un système criminel et à faire appel aux forces de l'ordre ou aux autres autorités compétentes pour gérer la situation.

Les organisations ont le devoir moral et éthique de protéger les données qui leur sont confiées par leurs clients et utilisateurs. Ce devoir va au-delà de la simple mise en œuvre de mesures de sécurité. Les entreprises doivent également garantir la transparence sur la manière dont elles collectent, conservent et utilisent les informations privées. Les questions éthiques exigent que les organisations respectent non seulement les lois sur la protection des données, mais agissent également de bonne foi pour protéger les intérêts de leurs clients.

Dans de nombreux pays, les lois sur la protection des données imposent aux entreprises d'avertir leurs clients en cas de violation de données et de leur fournir des statistiques sur les types de données exposées. Ne pas informer les clients en temps opportun peut avoir des conséquences graves, tant sur le plan juridique que sur celui de la réputation. Des pratiques commerciales éthiques exigent que les entreprises prennent des mesures proactives pour réduire les risques de violation et protéger les données des clients.

De plus, les entreprises doivent veiller à ce que leurs pratiques de sécurité n'affectent pas de manière disproportionnée certains groupes. Par exemple, les dispositifs de sécurité impliquant une surveillance massive des données peuvent également affecter de manière disproportionnée les communautés marginalisées, soulevant des problèmes de discrimination et d'inégalité de traitement. Des pratiques éthiques en matière de cybersécurité exigent des entreprises qu'elles soient conscientes des implications sociales et financières de leurs mesures de sécurité et qu'elles s'efforcent de protéger les droits de tous de manière égale.

La position des gouvernements en matière de cybersécurité est un autre domaine où les préoccupations morales et juridiques se croisent. Les gouvernements affirment régulièrement que l'accès aux communications et aux données virtuelles est un moyen efficace de protéger la sécurité nationale et de prévenir le terrorisme, la cybercriminalité et d'autres menaces. Cependant, ces activités de surveillance doivent être rigoureusement réglementées afin de prévenir les abus de pouvoir et de garantir qu'elles ne portent pas atteinte au droit fondamental à la vie privée des citoyens.

Le débat moral sur la surveillance gouvernementale porte sur la mesure dans laquelle les gouvernements doivent être autorisés à surveiller leurs citoyens au nom de la sécurité. Si les gouvernements affirment que les systèmes de surveillance de masse sont essentiels pour prévenir les menaces, leurs détracteurs soulignent le risque d'abus, de discrimination et d'atteinte à la vie privée. Des garanties juridiques sont essentielles pour garantir la transparence, la responsabilité et la transparence des pratiques de surveillance.

Le débat s'étend également à la notion de « portes dérobées » dans les systèmes de chiffrement, où les gouvernements exigent des équipes de production qu'elles leur fournissent un moyen de contourner le chiffrement. Cela soulève des questions quant à l'intégrité du chiffrement et à sa capacité d'exploitation par des acteurs malveillants. Les experts en cybersécurité éthique devraient appréhender ces préoccupations et préconiser des solutions de sécurité qui protègent à la fois la sécurité nationale et la vie privée des personnes.

L'utilisation croissante de l'intelligence artificielle (IA) et de l'automatisation en cybersécurité soulève de nouvelles questions éthiques et juridiques. Si les solutions de protection basées sur l'IA sont extrêmement efficaces pour détecter et atténuer les cybermenaces, elles suscitent également des inquiétudes quant aux biais, à la responsabilité et à la transparence des décisions.

Par exemple, les algorithmes d'IA utilisés pour la détection des risques peuvent également perpétuer involontairement des biais, conduisant à des résultats injustes ou à des pratiques discriminatoires. De plus, à mesure que les systèmes d'IA gagnent en autonomie, la question de la responsabilité se pose lorsque ces structures commettent des erreurs ou causent des préjudices. Les organisations doivent s'assurer que les technologies d'IA sont conçues et appliquées de manière transparente, équitable et responsable, avec une supervision humaine appropriée pour traiter tout problème éthique.

De plus, le recours croissant à l'IA et à l'automatisation en cybersécurité peut entraîner un déplacement des processus pour les professionnels de la sécurité. Si l'automatisation peut améliorer les performances, les agences doivent également prendre en compte les implications éthiques de la réduction des effectifs et investir dans des formations pour accompagner les employés dans leur transition vers de nouveaux rôles au sein de l'entreprise.

Le piratage éthique, également appelé « intrusion », implique que des spécialistes en cybersécurité tentent intentionnellement de pénétrer dans les systèmes d'une entreprise afin d'identifier les vulnérabilités avant que des pirates informatiques ne puissent les exploiter. Si le piratage éthique joue un rôle essentiel dans l'amélioration de la cybersécurité, il soulève plusieurs questions d'ordre moral, notamment concernant le consentement et le risque de préjudice.

Les organisations doivent fournir une autorisation spécifique pour les analyses d'intrusion, et les pirates éthiques doivent agir dans les limites convenues. Un piratage non autorisé, malgré de bonnes intentions, peut endommager les structures ou exposer des données sensibles. Les pirates éthiques doivent adhérer à un code de conduite strict, garantissant que leurs actions ne portent préjudice ni à l'entreprise ni à ses parties prenantes.

Les considérations morales et pénales en matière de cybersécurité sont complexes et multiformes. À mesure que la technologie évolue, les experts en cybersécurité seront confrontés à des choix de plus en plus difficiles en matière de confidentialité, de sécurité des données, de surveillance gouvernementale et d'utilisation des nouvelles technologies. Les cadres juridiques continueront d'évoluer pour faire face à ces situations exigeantes, mais les questions éthiques doivent rester au cœur des pratiques de cybersécurité. En adhérant aux principes moraux, en respectant les droits de l'homme et en suivant les recommandations juridiques, les experts en cybersécurité peuvent contribuer à bâtir un monde numérique stable et responsable.

CONCLUSION

Sensibilisation et action en matière de cybersécurité

Dans un monde de plus en plus interconnecté par le paysage numérique, la cybersécurité n'est plus une question anodine: elle est devenue un enjeu crucial de notre quotidien. Des particuliers aux grandes entreprises, les menaces posées par les cybercriminels, les pirates informatiques et les acteurs malveillants ont connu une croissance exponentielle. Avec l'intégration continue des nouvelles technologies, telles que l'intelligence artificielle, l'Internet des objets (IoT) et le cloud computing, le besoin de pratiques de cybersécurité robustes est plus pressant que jamais. L'environnement virtuel évolue rapidement, et avec lui, les méthodes et outils utilisés par les cybercriminels pour exploiter les vulnérabilités.

Dans ce contexte, la reconnaissance et la proactivité sont essentielles. Se concentrer sur la cybersécurité est la première étape vers un monde en ligne plus sûr. De nombreuses cybermenaces sont évitables si les particuliers, les entreprises et les gouvernements prennent la peine d'en identifier les risques et de mettre en œuvre des mesures préventives. Cet ouvrage explore les aspects essentiels de la cybersécurité, de la connaissance des concepts de base à l'identification des menaces actuelles et des stratégies d'atténuation. Il est évident que les connaissances et les outils nécessaires pour se protéger des cybermenaces sont à portée de main, mais leur utilité exige de la discipline, de la constance et un engagement à rester informé.

La cybersécurité commence par l'individu. Vos actions en ligne, comme les mots de passe que vous utilisez, les liens sur lesquels vous cliquez et les données que vous partagez, jouent un rôle essentiel dans votre protection personnelle. Des mots de passe forts et précis, une navigation prudente et une vigilance face aux tentatives d'hameçonnage ne sont que quelques-unes des pratiques personnelles qui peuvent réduire considérablement votre risque d'être victime de cybercriminalité. En prenant en main votre propre sécurité, vous contribuez à la santé globale de l'environnement numérique.

De plus, à mesure que notre dépendance aux technologies numériques s'accroît, les frontières entre vie privée et vie professionnelle s'estompent. L'idée selon laquelle les individus ne sont pas seulement responsables de leur propre cybersécurité, mais ont également le devoir de protéger leur lieu de travail et les données sensibles qu'ils traitent est floue. Être proactif, que ce soit en imposant des pratiques de sécurité strictes ou en signalant les menaces informatiques, contribue à créer un environnement plus résilient pour toutes les personnes concernées.

Les entreprises et les organisations sont confrontées à des exigences encore plus élevées en matière de cybersécurité. Non seulement elles sont chargées de gérer des données clients sensibles, mais elles peuvent également être responsables de la sécurisation de grandes quantités de données confidentielles.

Cette obligation exige une stratégie complète, intégrant la formation des employés, des règles de sécurité appropriées et un plan d'intervention bien établi en cas de faille de sécurité.

L'évolution des cybermenaces exige des équipes qu'elles soient agiles et adaptables. La cybersécurité ne doit plus être une caractéristique statique de l'infrastructure d'une entreprise, mais une priorité permanente qui évolue avec l'augmentation des menaces. Les organisations doivent veiller à mettre à jour en permanence leurs mesures de sécurité, que ce soit par des correctifs logiciels, le chiffrement ou la formation des employés, afin de garder une longueur d'avance sur les cybercriminels.

Une approche proactive en matière de cybersécurité implique également des analyses de risques et des tests d'intrusion réguliers. En identifiant les vulnérabilités avant leur exploitation, les équipes peuvent réduire considérablement leurs risques d'être la cible de pirates informatiques. De plus, un plan de réaction aux incidents solide doit être en place, avec des étapes clairement définies pour atténuer les dommages, se remettre des attaques et garantir la transparence avec les clients et les parties prenantes.

Si les particuliers et les entreprises jouent un rôle essentiel dans la sécurisation de l'espace numérique, les gouvernements et les décideurs politiques sont particulièrement bien placés pour mettre en place des cadres qui renforcent la cybersécurité au-delà des frontières nationales. La coopération mondiale sur les projets de cybersécurité est essentielle, car les cybermenaces dépassent souvent les frontières géographiques. Les gouvernements nationaux doivent collaborer pour élaborer et mettre en œuvre des lois visant à lutter contre la cybercriminalité, tout en apportant un soutien aux groupes susceptibles de lutter contre les aspects économiques ou techniques de la cybersécurité.

De plus, les gouvernements doivent concilier le besoin de protection avec la préservation des libertés et des droits individuels. Les questions morales et juridiques abordées dans ce livre mettent en lumière l'opposition entre vie privée et sécurité, et trouver le juste équilibre restera un défi pour les décideurs politiques. Les gouvernements doivent élaborer des règles favorisant à la fois la protection des données et l'utilisation responsable des technologies numériques.

À l'approche de l'avenir, il est clair que le domaine de la cybersécurité continuera de s'adapter aux avancées technologiques. L'intégration de l'intelligence artificielle (IA), de l'apprentissage automatique et de l'informatique quantique offre de nouvelles possibilités et des défis complexes aux spécialistes de la sécurité. Les systèmes basés sur l'IA peuvent aider à détecter les anomalies et à répondre aux menaces en temps réel, mais ils introduisent également de nouvelles vulnérabilités que les cybercriminels peuvent exploiter.

Le développement de l'informatique quantique présente à la fois des possibilités et des risques pour le chiffrement et la protection des informations. Si l'informatique quantique a le potentiel de révolutionner des domaines comme la médecine et la médecine, elle menace également de rendre obsolètes les stratégies de chiffrement modernes. Par conséquent, le réseau de cybersécurité doit se préparer à l'avènement de l'informatique quantique en développant de nouvelles techniques de chiffrement, immunisées contre les attaques quantiques.

Avec l'essor des objets connectés via l'Internet des objets (IoT), sécuriser l'immense réseau d'appareils qui devient monnaie courante dans nos foyers, nos lieux de travail et nos villes pourrait devenir un enjeu crucial. Souvent négligée au profit de la commodité, la protection des objets connectés est pourtant de plus en plus présente dans notre quotidien, offrant ainsi une surface d'attaque croissante aux cybercriminels. Une attention accrue à la sécurisation des objets connectés, associée à des mises à jour logicielles régulières et à des techniques d'authentification avancées, sera essentielle pour protéger les utilisateurs et les entreprises.

La cybersécurité n'est pas une entreprise ponctuelle, mais une mission permanente qui requiert la participation active des individus, des groupes et des gouvernements. Le paysage numérique est certes dynamique et en constante évolution, mais les principes fondamentaux d'une bonne cybersécurité, notamment la vigilance, l'attention et l'action proactive, restent constants. Face à l'émergence de nouvelles menaces et au développement des nouvelles technologies, il est essentiel de rester informé et de s'adapter à l'évolution du paysage pour préserver un monde numérique sûr et stable.

La cybersécurité est une responsabilité partagée. Elle exige collaboration, diligence et engagement pour protéger les données et les systèmes dont nous dépendons au quotidien. En favorisant une culture de sensibilisation à la cybersécurité, particuliers et entreprises peuvent renforcer leur défense face aux risques croissants de cybercriminalité. Il est temps d'agir: la cybersécurité ne se limite pas à la protection des données, mais vise à garantir un avenir numérique sûr et durable pour tous.